8°Z
LE SENNE
8572

CHAPITRE DE SAINT-DENIS.

PARIS. — IMPRIMERIE D'ADRIEN LE CLERE ET Cie,
RUE CASSETTE, 29.

CHAPITRE DE SAINT-DENIS.

HISTOIRE DE SA FONDATION,

DES NÉGOCIATIONS POUR OBTENIR SON EXEMPTION,

DISCUSSION DE CE PRIVILÉGE;

PAR

M. L'ARCHEVÊQUE DE PARIS.

PARIS.
LIBRAIRIE D'ADRIEN LE CLERE ET Cie,
Imprimeurs de N. S. P. le Pape et de Monseigneur l'Archevêque,
RUE CASSETTE, 29, PRÈS SAINT-SULPICE.

1847.

AVERTISSEMENT.

Ce travail, que nous avons été obligé de composer fort rapidement, est le résumé d'un mémoire qui n'a pas été publié et d'observations déjà présentées à la Chambre des Pairs.

A défaut du temps nécessaire pour le perfectionner, nous nous sommes appliqué à présenter avec simplicité des faits et des arguments qui nous semblent décisifs.

CHAPITRE DE SAINT-DENIS.

Histoire de sa Fondation,

Des Négociations pour obtenir son Exemption,

Discussion de ce privilége.

L'exemption accordée par le Saint-Siége au Chapitre de Saint-Denis est en ce moment l'objet d'une vive controverse. Tout le monde sait la part que nous y avons prise; mais on ne connaît pas aussi bien les motifs qui nous ont déterminé. L'intérêt de cette cause, bien plus que notre honneur, nous engage à tracer ici un récit abrégé des faits qui ont précédé la discussion du projet de loi devant la Chambre des Pairs, et à examiner ensuite les arguments divers qui ont été produits en faveur du nouveau privilége.

Les personnes qui liront cet écrit voudront bien distinguer deux époques très-différentes, par rapport aux démarches que nous avons cru devoir faire. Depuis la fin de 1841, jusqu'à la concession du privilége par le Pape, nous avons multiplié sous toutes les formes, et par tous les moyens en notre pouvoir, nos protestations, soit auprès du Saint-Siége, soit auprès du Garde des Sceaux et du Conseil des Ministres. Lorsque la Bulle nous a été signifiée, nous avons gardé le silence le plus complet, jusqu'au moment où elle a été portée à la Chambre des Pairs, pour obtenir la sanction légale.

L'embarras de cette situation nouvelle vient uniquement des fausses idées que se font plusieurs personnes sur la nature de l'acte pontifical; il suffira de l'expliquer, pour rendre fort clair le sens de nos observations.

Grégoire XVI n'a point décidé, cela est évident, une question de doctrine attaquée, ou porté une loi de discipline; il n'a point pris une mesure importante dans l'intérêt de l'Église; il a voulu accorder une faveur au Gouvernement français. Or, il est dans la nature de ce genre de concession, de pouvoir être refusé par celui qui en est l'objet, sans méconnaître le respect dû à celui qui l'accorde, ni les droits inhérents à son pouvoir. Cela posé, le but et l'esprit de nos observations ne sont pas difficiles à comprendre : il est des priviléges qui ne sont que des faveurs dans l'intention de celui qui les accorde ; mais, qui, à raison de certaines circonstances, et dans certaines situations, peuvent devenir une source d'embarras et de dangers. C'est parce que, de la part du gouvernement, l'exemption accordée au Chapitre de Saint-Denis nous semble avoir ce dernier caractère, que nous désirons appeler sur cet acte l'attention de la Chambre des Députés.

Lorsque, il y a six ans, nous connûmes, pour la première fois, le projet du Gouvernement, nous fûmes d'abord frappé de la pensée qu'il rencontrerait une opposition à peu près unanime, et que les approbateurs, s'il en avait, seraient obligés de faire violence à leurs convictions. Il n'est pas d'homme éclairé, ayant parcouru, même rapidement, les annales de notre ancienne jurisprudence et l'histoire de notre Église, qui n'ait remarqué les innombrables abus introduits par les exemptions, qui peuvent néanmoins être utiles dans des cas fort rares. Combattus avec persévérance et fermeté par les Conciles généraux, par l'Épiscopat français et par la magistrature, ces abus ne purent être entièrement détruits, jusqu'au moment où la Révolution les emporta, en renversant les institutions religieuses dont ils avaient si bien favorisé la décadence et préparé la ruine.

La demande d'un privilége destiné à les faire revivre nous paraîtrait inexplicable, si des motifs étrangers au Chapitre de Saint-Denis n'avaient dirigé le Gouvernement; mais loin de nous ébranler, ces motifs nous confirment de plus en plus dans notre première conviction. La résurrection d'un privilége aboli, quelque étrange qu'elle puisse paraître, nous semble beaucoup moins dangereuse que l'usage auquel il est destiné, et que les vues mal dissimulées qui se rattachent au projet hautement avoué. On veut faire contracter au Clergé des rapports avec l'État, qui doivent être nuisibles à l'un et à l'autre, des rapports aussi contraires aux mœurs ecclésiastiques qu'à nos mœurs politiques, des rapports enfin qui seront inévitablement une source de conflits ; tel est le but, bien contraire à celui que s'est proposé le Saint-Siége, auquel on aspire, que l'on avoue à quelques confidents, que l'on nie devant le public, que l'on niera sans doute devant la Chambre des Députés. N'y aurait-il dans la présentation du projet de loi que cette réticence, il devrait exciter notre méfiance, et celle de tous les hommes sincères.

Telles sont nos raisons pour persévérer dans l'opinion que nous exprimons depuis six ans. Il serait absurde de supposer que nous nous plaisons, par un motif intéressé, à contredire les dispensateurs des grâces ; que, par amour de la domination, nous voulons retenir une Église sous notre autorité;

tandis que, aussitôt que notre consentement a été demandé pour distraire de la métropole de Paris, deux grands Diocèses, celui de Cambrai et celui d'Arras, nous n'avons pas hésité un seul instant. Nous savions pourtant que, lorsque l'Église de Paris fut érigée en métropole, cette érection fut combattue par les Archevêques de Sens pendant quarante-deux ans (depuis 1622 jusqu'en 1664). Enfin, ce n'est pas le désir de tenir dans une plus grande dépendance le Chapitre de Saint-Denis. Les Chanoines sont inamovibles, et par conséquent fort indépendants.

Tout homme impartial et de bonne foi, qui voudra scruter notre conduite, ne pourra y voir que le désir d'éviter à notre Diocèse, à l'Église de France et au Gouvernement des embarras sérieux, dans lesquels il ne s'engagerait que par l'espérance d'avantages imaginaires.

Nous n'avons jamais pu espérer de créer une opinion en notre faveur au sein de la Chambre des Députés ; cette opinion était déjà produite par la répulsion qu'inspire le projet de loi. Si nos raisons ont quelque valeur, elles le devront uniquement à leur propre gravité, et à la sagesse de la Chambre. Nous sommes inconnu à la presque totalité de ses membres. Nous ne pouvons donc compter sur une influence personnelle. Notre seul appui est dans l'évidence des considérations que chacun aurait pu faire sans nous, et que nous nous bornons à résumer avec simplicité dans cet écrit.

I.

Faits concernant la Fondation du Chapitre de Saint-Denis.

Ces faits se réfèrent à la fondation civile du Chapitre de Saint-Denis sous l'Empire, à l'essai d'organisation qu'il reçut sous la Restauration, et à la constitution nouvelle que le Roi désire lui donner.

Fondation civile du Chapitre de Saint-Denis, sous l'empire.

L'église de Saint-Denis, lorsque

Napoléon pensa à y fonder un Chapitre, était remplie des plus beaux souvenirs religieux de l'ancienne monarchie. Fondée sous les Rois de la première race, elle fut successivement enrichie par des donations et des priviléges sous les successeurs de Clovis, de Pépin et de Hugues Capet. Clovis II obtint de saint Landry, Evêque de Paris (an 653), une exemption qui n'avait encore qu'un caractère purement temporel. Quelques siècles plus tard, des exemptions de la juridiction de l'Ordinaire furent attribués par les Papes au Monastère de Saint-Denis. Il est inutile d'examiner ici la nature et l'étendue de ces exemptions. Il suffira de remarquer : 1° qu'elles furent motivées par de grands services rendus à l'Etat; par la nécessité d'affranchir les religieux voués à la prière et à l'étude, des désordres si communs au moyen âge; 2° qu'elles furent pour les Moines de Saint-Denis, comme pour toutes les autres Communautés, la cause de beaucoup de procès, lorsqu'elles s'étendirent aux divers bénéfices à charge d'ames, dépendants de l'Abbaye.

La Révolution de 1789 qui détruisit tous les ordres religieux, n'épargna point le Monastère de Saint-Denis. Quatre ans plus tard, la sépulture des anciens Rois fut horriblement profanée; leurs ossements furent enlevés de leurs tombeaux et transportés dans une fosse commune. Mais l'ancienne basilique subsista, et aussitôt après le rétablissement du culte en France (floréal, an x), sa restauration et son affectation au culte paroissial furent réclamées auprès du gouvernement consulaire.

L'Empereur Napoléon, qui aimait à faire revivre, en faveur de sa famille et de son autorité, les souvenirs de l'ancienne monarchie, conçut le projet de consacrer l'église de Saint-Denis à la sépulture des Empereurs. Le décret du 20 février 1806 rendit cet antique monument à sa première destination, et les anciens religieux furent remplacés par un Chapitre d'Evêques, qui devaient être choisis parmi les Prélats âgés de plus de soixante ans et hors d'état de continuer l'exercice de leurs fonctions. Le Grand-Aumônier était constitué le chef du Chapitre (1). Dans une lettre publiée récemment par Mgr l'Evêque de Langres, l'érection du Chapitre est présentée comme un trait de génie de l'Empereur. C'est la première fois qu'on s'est avisé d'admirer un acte dont l'unique résultat fût de conduire à Saint-Denis un prélat démissionnaire, qui ne put long-temps supporter ce séjour. Si Napoléon n'avait pas d'autres titres à la gloire, il est probable que son nom serait moins illustre.

Le Cardinal Fesch était alors Envoyé extraordinaire du Gouvernement français près du Saint-Siége. Il s'empressa de préparer à Rome même le réglement qu'il était chargé, par l'article VI du décret, de rédiger. Il le transmit à l'Empereur le 2 avril de

---

(1) Voir le texte des Statuts, aux *Pièces Justificatives*, n° 1.

la même année. Soit qu'il eût reçu des instructions particulières à ce sujet, soit qu'il crût devoir prendre l'initiative d'une grande entreprise, il proposa d'adjoindre au Chapitre épiscopal, créé par le décret du 20 février, un Chapitre du second ordre, composé d'autant de Prêtres que l'Empire français comptait alors de départements; ces Prêtres devaient, sous la direction des Chanoines-Evêques, s'appliquer à l'étude de la science ecclésiastique, s'exercer à en résoudre les questions les plus difficiles et les plus importantes, et enfin se former aux vertus sacerdotales.

Dans la pensée du Cardinal, cette réunion de pieux et savants ministres des autels était destinée à fournir des Grands-Vicaires pour les diocèses et des Supérieurs pour les séminaires. Quant au service ordinaire de la basilique, il devait être fait en outre par dix-huit Desservants et vingt-quatre Enfants de chœur. Ce projet si vaste aurait pu réussir, en conservant cette institution sous le droit commun, si Napoléon, en y cherchant un nouvel instrument d'influence, ne l'eût à jamais frappé de stérilité.

Le projet du Chapitre de Saint-Denis n'ayant pas été immédiatement exécuté, l'énormité de la dépense en fit ajourner l'examen. Plus tard, l'Empereur Napoléon, connaissant combien les dispositions du Clergé lui étaient peu favorables depuis qu'il était devenu le persécuteur de Pie VII, étant d'ailleurs peu satisfait de celles de son oncle qui ne prenait pas la peine de dissimuler sa désapprobation, ne voulut plus entendre parler de l'immense conception du Cardinal Fesch, et rien ne fut fait à cet égard.

Essai d'organisation du Chapitre de Saint-Denis sous Louis XVIII.

L'un des premiers soins du Roi Louis XVIII, à son retour en France, fut de donner des ordres (janvier 1815) pour l'exhumation et la translation solennelle, à Saint-Denis, des dépouilles mortelles du Roi Louis XVI et de la Reine Marie-Antoinette, déposées dans le cimetière de la Madeleine. Le 24 avril 1816, une nouvelle ordonnance prescrivit d'exhumer les restes des autres Rois, Princes et Princesses, et de les replacer dans le lieu de leur ancienne sépulture. Enfin, par une ordonnance royale du 23 décembre suivant, un Chapitre fut de nouveau créé à Saint-Denis, sous le titre de Chapitre royal. Bien que, dans le préambule qui précède cet acte, on semble s'attacher à établir une séparation profonde entre la nouvelle fondation et celle dont le décret impérial avait posé les bases, cependant l'ordonnance de 1816 n'est que la reproduction, légèrement modifiée, du décret de 1806. Le préambule est ainsi conçu : « La restauration de l'ancienne église royale de Saint-Denis a fixé toute notre sollicitude. Ce monument nous est cher à bien des titres. Déjà nous l'avons rendu à sa pieuse destination, en apportant tous nos soins à ce que les dépouillles des Princes et Princesses de notre famille, dont la Providence nous a ménagé la conservation, y soient déposées près des Rois, nos aïeux. Nous désirons encore pourvoir à perpétuité aux prières qui doivent consacrer ce dépôt, et fonder à cette fin un Chapitre royal, où les Pasteurs de l'Eglise de France trouvent une retraite honorable, en même temps que de jeunes ecclésiastiques, placés près d'eux, puiseront dans ces modèles les exemples des vertus sacerdotales (1). »

Une ordonnance du même jour porte, qu'attendu la nécessité des circonstances, qui impose une loi générale et rigoureuse d'économie, il n'est alloué sur la somme de 300,000 fr. affectée à l'entretien ordinaire du Chapitre royal de Saint-Denis et aux frais de premier établissement, qu'une somme de 175,000 fr. pour l'année 1817; savoir : 150,000 francs pour les dépenses annuelles, 25,000 fr.

---

(1) Voyez l'Ordonnance, *Pièces Justificatives*, n° 2.

pour les frais d'établissement. Cette somme de 150,000 fr. fut plus tard augmentée, mais l'entretien annuel du Chapitre ne fut pas porté, sous la Restauration à plus de 200,000 francs.

Le 28 du même mois, il fut procédé, par ordonnance royale, sur la présentation de M. de Talleyrand-Périgord, Archevêque de Reims et Grand-Aumônier de France, à la nomination des Chanoines du premier et du deuxième ordre. Le même jour, le Roi approuva deux rapports qui lui furent adressés par le Prélat : le premier réglant provisoirement le nombre et l'ordre des offices (le réglement définitif, prescrit par l'article 6 de l'ordonnance, ne pouvait être définitivement exécuté que lorsque le Chapitre serait organisé); le second déterminant l'habit de chœur des Chanoines, leur décoration et le sceau du Chapitre.

Peu de jours après, le 7 janvier 1817, le Grand-Aumônier, voulant déterminer, d'une manière plus certaine, la situation du Chapitre et ses droits comme Primicier, proposa au Roi de signer deux lettres closes, par lesquelles il déclarerait unir le Chapitre à sa Chapelle royale. (Rapport du Grand-Aumônier au Roi, du 7 janvier 1817). L'une était adressée au Grand-Aumônier lui-même (1), l'autre était destinée aux Vicaires Capitulaires de Paris (2). Le siége métropolitain de la capitale était en effet vacant à cette époque. Le Cardinal Maury, nommé par l'Empereur après la mort du Cardinal de Belloy, n'avait point reçu du Saint-Siége l'institution canonique, et l'administration était restée, durant la vacance, entre les mains du Chapitre qui, suivant les règles de l'Eglise, en avait confié l'exercice à des Vicaires Capitulaires.

Dans sa lettre aux Vicaires-Généraux-Capitulaires, du 8 janvier 1817, le roi Louis XVIII exprime l'intention d'unir le Chapitre de Saint-De-

---

(1) Voyez *Pièces Justificatives*, n° 4.
(2) *Ibid.* n° 3.

nis à sa Chapelle. Les Vicaires-Capitulaires lui répondent que leur pouvoir n'est pas assez étendu pour ériger un Chapitre (1). Le Grand-Aumônier, en répondant à la lettre des Grands-Vicaires (2), insiste sur deux points; le premier, que le Chapitre fait partie de la Chapelle du Roi, le second, que le Roi se propose de recourir à Rome pour obtenir une exemption (3).

Voilà donc toute la pensée de cette discussion : Louis XVIII et son Grand-Aumônier supposaient très-clairement 1° qu'ils ne pouvaient ériger un Chapitre, mais incorporer seulement à la Chapelle royale un certain nombre d'ecclésiastiques qui participeraient aux immunités de cette Chapelle. 2° Que ces immunités ne contenant qu'une exemption très-restreinte, il était nécessaire de recourir au Saint-Siége pour en obtenir de plus étendues.

(1) *Pièces Justificatives*, n° 5.
(2) *Ibid.* n° 6.
(3) Voir *Première Observation*, pag. 5.

Les privilèges du Grand-Aumônier ne s'étendaient en effet qu'à un petit nombre d'actes, vis-à-vis de la personne du Roi et des Princes, et ne conféraient pas une juridiction réelle, exempte de celle de l'Ordinaire.

La réponse du Grand-Aumônier aux Vicaires-Généraux Capitulaires fut suivie, trois jours après, d'un acte émané de ce dignitaire, qui avait pour but l'exécution de l'ordonnance du 23 décembre 1816, et autorisait les Chanoines à s'assembler capitulairement pour le service de l'Eglise, et la célébration de l'office canonial. Nous nous proposons, disait le Grand-Aumônier en terminant, de recourir au souverain Pontife, à l'effet d'obtenir toutes les concessions d'usage pour ces sortes de fondations (1).

Le recours à Rome, dont il est parlé dans cet acte, n'eut pas lieu. Les Vicaires-Généraux Capitulaires, à la veille de perdre leur juridiction, et de la voir passer dans les mains de ce-

---

(1) Voir aux *Pièces Justificatives*, n° 7.

lui-là même qui avait consommé irrégulièrement l'union du Chapitre à la Chapelle, s'abstinrent de faire les réclamations qui auraient été fort inutiles, puisque tous les pouvoirs spirituels de l'Archevêque et du Grand-Aumônier, allaient être réunis dans les mêmes mains. Par ce moyen, l'irrégularité disparaissait, du moins pendant la durée de cette concentration de pouvoirs. M. de Talleyrand-Périgord ayant été en effet promu bientôt après au siége archiépiscopal de Paris, aucun conflit de juridiction ne put s'élever.

Mais, à sa mort, en 1821, M. de Quelen, ancien Vicaire-Général de la Grande-Aumônerie, et Coadjuteur de Paris, prit possession de ce grand siége, et M. le prince de Croï, alors Evêque de Strasbourg, fut nommé Grand-Aumônier. Des difficultés ne tardèrent pas à s'élever entre les deux Prélats, au sujet de leurs attributions respectives. Les seuls documents qu'il nous ait été possible de recueillir, sont : 1° une ordonnance du 10 décembre 1821 ; 2° une lettre du 19 novembre 1823, qui sont dirigées contre les prétentions du Grand-Aumônier (1).

Ces deux pièces font partie d'une correspondance fort curieuse, dans laquelle sont établies, sur des textes divers, les prétentions opposées des deux prélats en ce qui concerne leur juridiction et notamment l'autorité que chacun d'eux prétendait exercer sur le Chapitre de Saint-Denis. Vers la fin de 1825, le Roi voulut interposer son autorité pour terminer ce débat. Par ses ordres, une commission ecclésiastique fut réunie, sous la présidence du Cardinal de La Fare, et prépara un réglement sur les fonctions de Grand-Aumônier de France, considérées dans leurs rapports avec la juridiction des Ordinaires. Ce travail, dont les conclusions étaient favorables à l'Archevêque de Paris, fut approuvé par le Roi, le 23 janvier 1826, sur le rapport du Ministre

(1) Voir aux *Pièces Justificatives*, n°s 8 et 9.

des affaires ecclésiastiques. L'article III, concernant le Chapitre de Saint-Denis, porte :

« En attendant qu'aient été remplies les formalités requises pour que le Chapitre royal de Saint-Denis reçoive, en se conformant à la discipline générale de l'Eglise et à celle de l'Eglise de France en particulier, une institution canonique, et avec elle des statuts qui règlent définitivement ses prérogatives et ses obligations, ledit Chapitre sera régi, au temporel, d'après les deux ordonnances royales du 23 décembre 1816 et les deux lettres du Roi du 8 janvier 1817.

» Pour le spirituel, le Grand-Aumônier ordonne et règle, comme il l'a fait jusqu'à présent, les offices qui ont lieu dans l'intérieur de l'église royale de Saint-Denis, lesquels continueront à être célébrés conformément aux statuts et usages du Diocèse, lorsqu'ils n'auront pas pour objet les cérémonies de la Cour, ou les dévotions particulières du Roi, des Princes et Princesses de sa famille.

» Tous les ecclésiastiques, à quelque titre qu'ils exercent les fonctions dans ladite Eglise, demeurant soumis aux statuts du Diocèse, doivent prendre les pouvoirs de l'Ordinaire, pour l'administration des Sacrements et la prédication.

» Les dispositions du présent article sont applicables à la Chapelle expiatoire de la rue d'Anjou. »

Les autres dispositions étaient relatives aux Chapelles royales, aux Maisons royales d'éducation de la Légion-d'Honneur, de Saint-Cyr, de la Flèche, aux Aumôniers des troupes de terre et de mer, enfin à tous les points contestés entre l'Archevêque et le Grand-Aumônier. Les Aumôniers des troupes de la marine et des Maisons royales, devaient toujours prendre les pouvoirs des Ordinaires dans les Diocèses desquels ils exerçaient leur ministère.

Les faits que nous venons de rapporter donnent lieu à quelques observations très-importantes, qui sont nécessaires pour rectifier les assertions de M. le Ministre des Cultes par intérim.

Le Chapitre de Saint-Denis, dit-il dans son Rapport à la Chambre des pairs, *n'était point soumis, pour le spirituel, à l'autorité diocésaine* (pendant toute la durée de l'Empire).

Cette énonciation est fort peu exacte.

L'autorité diocésaine s'exerce principalement par la concession des pouvoirs de prêcher, de confesser et d'administrer les Sacrements. Le décret de 1806 ne contient, et ne pouvait contenir aucune concession de ce genre. Cette même concession n'a point été demandée au Saint-Siége. D'ailleurs, il n'y a pas eu, à proprement parler, de Chapitre à Saint-Denis. Cet établissement n'a existé que dans le *Bulletin des Lois*. Un ou deux Evêques, qui ont résidé peu de temps à Saint-Denis, ne formaient pas plus un Chapitre, qu'un conseiller ne formerait une cour royale. Il n'y a pas eu un seul office, une seule réunion capitulaire. Les Chanoines-Evêques étaient de simples pensionnaires de l'Etat. M. Portalis père a dit avec raison, que c'était *un Chapitre unique*, ce qui est vrai, en ce sens qu'il n'y a pas de Chapitre sans la résidence et la réunion des membres qui le composent; ce qui n'est pas exact, en ce sens qu'il y a d'autres Chapitres que celui de Saint-Denis, composés d'Evêques; Rome en compte plusieurs de ce genre.

M. le Ministre ajoute, dans le document précité : « La Restauration resta fidèle à cette pensée... » Il conclut que « ce n'est pas un régime nouveau qu'il s'agit d'introduire; c'est un régime ayant quarante ans de durée qu'il s'agit de consacrer en le régularisant. » Cette seconde assertion est contredite par le règlement du 23 janvier 1826, où il est dit : « Tous les ecclésiastiques, à quelque titre qu'ils exercent des fonctions dans ladite Eglise, demeurant soumis aux statuts du Diocèse, doivent prendre leurs pouvoirs de l'Ordinaire, pour l'administration des Sacrements et la prédication. »

M. le comte Portalis, mieux éclairé sur la véritable situation du Chapitre de Saint-Denis, n'a point réclamé pour lui un privilége évidemment illusoire; il reconnaît que *cet établissement, fondé et doté par le chef de l'Etat* (l'Empereur), *n'avait encore qu'une existence civile et passive; qu'il fallait que l'autorité spirituelle intervînt pour lui imprimer le mouvement et la vie, l'instituer canoniquement, et l'habiliter à remplir ses fonctions ecclésiastiques.* M. le comte Portalis parle ensuite de l'adjonction que fit Louis XVIII du Chapitre à sa Chapelle, et de l'espèce d'exemption que, par suite de cet acte, le Grand-Aumônier crut devoir revendiquer. On peut voir par la lettre de M. de Quelen, Archevêque de Paris, et par l'ordonnance qui reconnut la légitimité de ses réclamations, combien ce privilége était restreint. Nous ajoutons que les prétentions du Grand-Aumônier, quelle qu'en fût la nature, étaient formellement contraires, non-seulement à l'article x de la loi organique, mais encore à la Bulle qui, en 1801, a établi la nouvelle circonscription des Diocèses de France. Cet acte, sanctionné par une loi de l'Etat, a aboli tous les priviléges antérieurs, sans aucune exception ou restriction. Quoique cette abrogation constituât seulement un fait, et non pas un droit nouveau, il est évident qu'il fallait une nouvelle Bulle pour soustraire la Chapelle royale à la juridiction de l'Ordinaire.

Nous aurions omis ces réflexions, s'il n'était important de faire remarquer qu'en présentant le Chapitre de Saint-Denis comme déjà soustrait à la juridiction de l'Ordinaire, le projet de loi échappait à une grande difficulté : le privilége n'était plus une innovation, mais la continuation d'une situation déjà ancienne, qu'il s'agissait seulement de rendre plus régulière. Ce n'est là sans doute qu'une erreur, nous aimons à le croire, et nous n'engageons personne à en porter un jugement plus sévère.

Nous avons à faire une dernière observation sur les discussions du Grand-Aumônier avec l'Archevêque de Paris. L'ordonnance royale, destinée à les terminer, n'eut pas l'effet qu'on en espérait; acceptée par l'Archevêque de Paris, elle ne le fut point par le Grand-Aumônier, auquel le Roi devait naturellement être plus favorable; le prince de Croï fut en effet plus favorisé que ne le permettait le Concordat; et néanmoins ce Prélat ne se trouva pas satisfait. De nouvelles contestations s'élevèrent, et Dieu sait combien de temps elles auraient duré, si la Grande-Aumônerie n'avait cessé d'exister. Le Chapitre de Saint-Denis, qui n'en était qu'une annexe, et encore une annexe très-contestable, se trouva ainsi privé du chef que lui avait donné Louis XVIII. Cependant depuis 1830, les nominations des Chanoines continuèrent à être faites, par ordonnances royales, sur la proposition du Ministre des Cultes et sans l'intervention d'aucune autorité ecclésiastique. Des suppressions successives de crédit, opérées par l'autorité des Chambres, compromirent un moment l'avenir du Chapitre ; mais les lois de finances pour les années 1838-1847, en accordant une allocation spéciale de 112,000 fr., ont permis de continuer cette existence du Chapitre, suffisante quant au temporel, et très-irrégulière sous le rapport canonique.

Essai d'organisation du Chapitre de Saint-Denis depuis 1840.

Peu de temps après la prise de possession de l'Archevêque actuel de Paris, le Gouvernement lui exprima le désir de régulariser le plus promptement possible la situation du Chapitre de Saint-Denis. Cette situation est en effet sans exemple chez un peuple catholique. La mission de chanter la prière publique est une mission spirituelle qui ne peut être donnée que par le Pape ou par l'Evêque diocésain. L'Archevêque en fit tout d'abord l'observation ; il n'eut aucun besoin d'insister sur ce point, puisque l'érection canonique du Chapitre était l'objet principal de la demande qui lui était faite. Mais les conditions de cette érection, telles que les concevait le Roi, présentèrent de très-graves difficultés. L'Archevêque de Paris était convaincu, et il l'est encore, qu'il était plus avantageux à l'Etat, au futur Chapitre, au Diocèse de Paris et à l'Eglise de France, de ne point recourir à une exemption ; qu'il était préférable, du moins en ce qui concernait les Chanoines du second ordre, de rester dans le droit commun, sauf néanmoins l'exception suivante : L'Archevêque s'empressa de renoncer au droit de nomination des Chanoines, de peur qu'on ne le supposât disposé à les prendre exclusivement dans son Clergé. Quant aux Evêques qui doivent former le premier ordre, l'exemption ne semblait offrir d'autre difficulté que d'en faire profiter des Prélats infirmes, qui n'étaient pas et ne seraient jamais dans le cas d'en user; jusqu'ici, en effet, un ou deux Evêques seulement ont essayé du séjour de Saint-Denis, et ils y ont bientôt renoncé. L'Archevêque ne tarda pas à s'apercevoir que l'on désirait une exemption pour les deux ordres, sans que la nature et l'étendue de ce privilége fussent bien arrêtées dans la pensée du Gouvernement, ou du moins, nettement expliquées. Ce ne fut qu'un an environ après la première proposition du projet, et après plusieurs conversations, qu'il put parfaitement comprendre sous quel régime on désirait placer le Chapitre de Saint-Denis.

Quand il fut impossible de douter qu'il s'agissait d'une exemption, l'Archevêque ne put dissimuler son profond étonnement, et il se vit contraint avec un regret qu'il ne saurait exprimer, de refuser son consentement. Autant il désirait la constitution canonique du Chapitre, et tout ce qui pouvait faire de cet établissement une retraite honorable pour d'anciens Grands-Vicaires, d'anciens Curés de villes, des prédicateurs distingués, ou des prêtres remarquables par leur instruction et leurs talents, autant il redoutait un corps investi d'un privilége dont nous aurons bientôt à signaler les inconvénients. On doit surtout les craindre pour les Chanoines du second ordre; car pour ceux du premier, ils ne sauraient exister. S'il nous était donc permis de proposer un amendement au projet de loi adopté par la Chambre des Pairs, nous demanderions que l'exemption fût réduite aux Chanoines-Evêques.

Nous avons cru important de faire remarquer que nous n'avons été, et que nous ne sommes point encore opposé à l'établissement du Chapitre de Saint-Denis. Nous le désirons au contraire, mais dans une situation autre que celle qu'on veut lui faire, dans une situation conforme au droit commun.

Si MM. les Députés veulent bien examiner avec attention les arguments produits en faveur du projet de loi, il leur sera facile de remarquer trois choses : la première, une exagération manifeste des avantages du Chapitre; la seconde, la facilité de conserver tous ses avantages réels sans recourir à l'exemption; la troisième, les inconvénients graves de ce privilége.

Nous avons à expliquer maintenant les faits qui suivirent la première manifestation de notre opinion. Ces faits ont rapport à la conduite de M. le Ministre des Cultes, à celle que nous avons tenue nous-même, aux démarches faites à Rome pour obtenir la Bulle, à la présentation du projet de loi et à sa discussion dans le sein de la Chambre des Pairs.

M. le Ministre des Cultes nous adressa, le 26 avril 1842, le projet des statuts (1) dont on a depuis nié l'existence, soit dans le sein de la Commission, soit devant la Chambre des Pairs. Nous passerions sous silence un fait aussi grave, si notre honneur n'y était intéressé. Mais nous avions fait imprimer le texte de ces statuts dans un

---

(1) Voyez les *Pièces Justificatives*, n° 10.

Mémoire communiqué à quelques personnes; ils ont été depuis reproduits dans les feuilles publiques. Il nous est impossible de rester sous le poids du soupçon de les avoir fabriqués.

Nous avons vainement cherché le motif d'une semblable dénégation.

Quoi qu'il en soit, quatorze jours avant la réception des statuts, nous avions été averti qu'ils contenaient une exemption très-étendue, et nous nous étions empressé d'écrire au Roi une lettre qui se terminait ainsi : « Si, contre mon attente, mes raisons ne paraissaient pas décisives à Votre Majesté, il me resterait encore à réclamer une grâce que j'attends de sa bonté et de sa justice : c'est qu'avant de rien statuer, le Roi veuille bien désigner, ou faire désigner par M. le Garde des Sceaux, une personne digne de sa confiance, qui discute avec moi le projet d'exemption. J'ose espérer que les garanties résultant de formes préalables, garanties accordées à tous les Évêques, quand il s'agit de l'établissement le plus obscur, ne seront point refusées à l'Archevêque de Paris, au sujet du Chapitre de Saint-Denis.

« Le Roi daignera accueillir, avec sa bonté ordinaire, des observations qui sont dictées autant par mon attachement à l'État, mon dévouement et mon profond respect pour le Roi, que par l'intérêt que je porte à mon diocèse. »

Quatorze jours après, l'Archevêque reçoit le projet des statuts que nous avons transcrits, et il répond le même jour (**26 avril**), à S. Ex. le Ministre des Cultes qui les lui avait transmis : « Jamais, sous un régime où toutes les classes de la société souffraient plus ou moins de l'abus du privilége, on n'avait proposé rien d'aussi exorbitant, et on me le propose sous un régime où toutes nos lois respirent l'égalité. Je me demande ce que j'ai fait pour qu'on prenne contre moi de telles précautions.

« Voilà ma première impression en lisant le projet. Du reste, je l'examinerai avec soin, et j'aurai l'honneur de vous demander ensuite à discuter mes observations avec une ou deux personnes que vous désignerez à cet effet. Il me semble qu'une chose aussi grave mérite l'examen d'une commission mixte. »

Cette demande qui semblait si raisonnable et si juste, ne fut pas néanmoins accueillie. Un silence persévérant fut à peu près la seule réponse aux instances de l'Archevêque pour obtenir un examen quelconque d'une dérogation aussi grave à l'état présent du Clergé de France. On ne répondit pas davantage à notre Mémoire dont il sera question plus tard. Ainsi, on nous refusa une enquête *de commodo et incommodo*, qui n'est jamais omise, quand il s'agit d'ériger l'église la plus obscure en succursale ou en chapelle vicariale. Ce qui aurait eu lieu pour l'acte le plus ordinaire, conforme au droit commun, fut jugé inutile pour un acte qui rétablissait un privilége, et ouvrait la porte à une multitude de prétentions qui pourront se réveiller plus tard en faveur d'autres établissements. Justement effrayé de ce silence, nous rédigeâmes un Mémoire qui fut adressé au Conseil des Ministres; nous y discutions en général les dangers des priviléges abolis, et nous examinions ensuite, d'une manière plus spéciale, celui que l'on réclamait en faveur du Chapitre de Saint-Denis (1). Nous avons des raisons de penser que tous les Ministres, et particulièrement celui des cultes, furent frappés des motifs que nous exposions. Cependant le privilége fut sollicité presque immédiatement auprès du Saint-Siége, et l'ambassadeur de France fut engagé à en poursuivre avec activité la concession. Il paraît qu'elle fut plus prompte que ne l'aurait désiré M. Martin (du Nord). Il examina et fit examiner attentivement la Bulle, espérant y trouver des motifs de ne point la porter devant le Conseil d'État et devant les Chambres. Mais ses observations n'eurent d'autres résultats que de faire deman-

(1) Voir aux *Pièces Justificatives*, n° 11.

der une modification au rescrit pontifical. En consentant à recourir une seconde fois à Rome, le Ministre espérait de la sage lenteur du Saint-Siége le précieux bénéfice du temps; mais de nouvelles démarches de l'ambassadeur lui firent perdre cet avantage : une seconde Bulle fut bientôt accordée. A son arrivée à la Chancellerie, elle devint l'objet de nouvelles observations, qui eurent pour effet, non pas de l'ensevelir, comme on l'aurait sans doute désiré, mais de solliciter de nouveaux changements; ils furent enfin les derniers. L'ambassadeur obtint dans cette triple circonstance une faveur extraordinaire; la Bulle ne fut pas soumise, ainsi que cela s'est toujours pratiqué, à une congrégation de cardinaux. Cette formalité fut sans doute omise pour éviter une discussion qui eût pu faire impression sur Grégoire XVI. La Bulle du 5 avril 1843, arrivée à Paris vers la fin du même mois, ne fut enregistrée au Conseil d'État que le 6 janvier 1845.

Il est dit dans l'ordonnance portée sur l'avis du Conseil, article 3 : « Ladite Bulle ne sera publiée et mise à exécution, et la présente ordonnance ne sera insérée au Bulletin des Lois, qu'autant que l'exemption et l'attribution de juridiction accordées au Chapitre de Saint-Denis et au Primicier, auront été *autorisées par une loi* (1). » Cette précaution est très-significative : le Conseil d'État voulut prévenir un acte de complaisance. En outre, si nous sommes bien informé, et nous croyons l'être, les plus fortes objections auraient été faites au sein du Conseil contre l'enregistrement. Il est difficile d'expliquer autrement le délai de vingt-un mois qui s'est écoulé entre la concession de la Bulle, et la signature par le Roi de l'Ordonnance que nous venons de citer.

Enfin il paraît certain qu'en recevant la Bulle avec l'enregistrement conditionnel, le Ministre fut engagé par quelques Conseillers d'État à ne ja-

(1) Voir aux *Pièces Justificatives* le texte de la Bulle, n° 12.

mais la porter devant les Chambres. De là, un nouveau délai depuis les premiers jours de janvier 1845 jusqu'au 8 mars de cette année, où le projet de loi, destiné à consacrer le privilége, a enfin été porté à la Chambre des Pairs. Cet intervalle de deux années ne peut s'expliquer que par la crainte où était le Ministre des Cultes que la Bulle ne fût point favorablement accueillie. Le moment a été sans doute jugé plus opportun cette année, avec une Chambre dans les dispositions de laquelle on avait plus de confiance.

Nous avons exprimé en peu de mots ce que nous avons pu savoir des dispositions et de la conduite de M. le Ministre des Cultes. Voici maintenant quelle fut la nôtre. Ayant interrogé l'Internonce sur les chances probables de la négociation que le Gouvernement avait entamée avec le Saint-Siége, il nous répondit : « *C'est une affaire qu'il faut arranger ici. Le Pape ne refusera point. L'intérét de l'Eglise le décidera à cette concession.* » La même chose nous était écrite de Rome, presque dans les mêmes termes, par un ecclésiastique chargé de s'informer des dispositions du Pape. Ce double fait confirme l'observation que nous avons faite sur le caractère que le Saint-Siége attribue à sa concession. Nous pourrions ajouter que, depuis l'avénement de Pie IX, cette concesssion a été regrettée par plusieurs Cardinaux, à cause des projets qu'on veut y rattacher. Si notre conviction n'eût été aussi inébranlable, nous aurions dû renoncer à toute démarche ultérieure. Nous ne pûmes nous y résoudre, espérant toujours que les raisons dont nous étions si vivement frappé, finiraient par produire quelque impression, soit sur le Gouvernement, soit sur l'esprit du souverain Pontife, et que si nous ne parvenions pas à faire renoncer à l'exemption, nous obtiendrions peut-être qu'elle fût réduite de manière à prévenir ses plus graves inconvénients. En conséquence, d'un côté, nous écrivîmes au Saint-Père et au cardinal Lambruschini pour leur exprimer nos appréhensions, et les motifs qui les justifiaient. Nous disions au Cardinal, dont l'administration est généralement jugée à Rome avec beaucoup plus de sévérité que nous n'oserions la juger nous-mêmes : « Nous aurons tous à regretter l'exemption si elle est accordée. Nous en souffrirons sans doute, mais le Saint-Siége souffrira beaucoup plus de la discussion de la Bulle devant les Chambres, et le Gouvernement sera un jour sévèrement puni de la faveur qu'il désire avec tant d'ardeur. » Il y a cinq ans que nous exprimions ces craintes. Tout le monde peut voir si elles étaient chimériques. Nous nous adressâmes de nouveau au Ministre des Cultes pour le prier d'apporter des modifications à un projet qu'au fond il n'approuvait pas. Nous demandions aussi que les modifications proposées par nous, devinssent l'objet d'une discussion contradictoire, à la suite de laquelle elles seraient adoptées ou refusées. Ces nouvelles démarches demeurèrent sans résultat. Nous reçûmes seulement de Rome une nouvelle communication des statuts, le 16 juillet 1842 (1). Voici quelle fut notre réponse à ce document :

Paris, 8 octobre 1842.

« A la note qui lui a été transmise le 16 juillet de cette année par le Prosecrétaire de la Congrégation consistoriale, au sujet d'une proposition d'exemption en faveur du Chapitre de Saint-Denis, l'Archevêque de Paris croit devoir répondre en réclamant qu'il ne soit point donné suite à cette affaire avant que le souverain Pontife ait exigé une enquête de *commodo et incommodo*.

» L'Archevêque de Paris, très-désireux de témoigner sa déférence aux désirs de Sa Majesté le Roi des Français, se croit pourtant obligé de demander que la concession sollicitée soit précédée de l'examen des points suivants :

---

(1) Voyez *Pièces Justificatives,* n° 13.

1° Le Chapitre de Saint-Denis et les Maisons royales de la Légion-d'Honneur ont-elles désiré l'exemption dont on veut les gratifier? Si aujourd'hui elles consentaient à la recevoir, serait-ce par suite de la conviction que cette grâce est utile, ou par pure complaisance?

2° Au cas où il y aurait un désir sincère, y a-t-il quelques raisons légitimes à invoquer en faveur des futurs exempts? N'y a-t-il pas au contraire de fortes raisons pour les laisser sous la juridiction de l'Ordinaire?

3° S'ils n'ont aucun motif à faire valoir, la Couronne pourrait-elle en invoquer de son côté, et peut-on considérer, comme ayant pour elle quelque intérêt, l'exemption d'un Chapitre qui n'est point chargé des obsèques du Roi et des Princes, et dans l'Eglise duquel aucune fondation n'a été faite par la famille royale?

4° N'y a-t-il pas dans l'exemption projetée un grave danger, savoir celui d'augmenter le nombre d'ecclésiastiques indépendants de l'Ordinaire, dans un Diocèse où l'esprit d'indépendance est incomparablement plus favorisé par mille circonstances propres à une grande capitale, que dans aucune autre partie de la France ?

5° Ce danger n'est-il pas d'autant plus digne de fixer l'attention du Saint-Siége, que l'Archevêque, à son avénement au siége de Paris, a été contraint de créer une administration toute nouvelle, de régler plusieurs affaires tres-difficiles et d'une grande importance, et de travailler à plusieurs institutions utiles, dont le succès serait compromis s'il ne conservait une assez grande liberté d'action ?

» L'Archevêque de Paris croit devoir se borner pour le moment à réclamer une enquête qui puisse éclairer Sa Sainteté sur la véritable situation du Chapitre de Saint-Denis et du Diocèse de Paris.

» Il n'a pas besoin d'ajouter que comblé des bontés du Roi des Français, et ayant reçu de ce Prince des preuves si mémorables de sa confiance, l'Archevêque est naturellement porté à seconder ses vœux et ses désirs, surtout s'ils sont favorablement accueillis par le Saint-Siége; mais il espère que le Roi et le Saint-Père l'approuveront également de ne point céder un droit, tant que cet abandon lui semble nuisible. C'est pour cela qu'il réclame la lumière résultant d'un examen sérieux et approfondi ; par ces motifs, il supplie le souverain Pontife de faire procéder préalablement à une enquête *de commodo et incommodo.* »

Cette réponse fut précédée d'une lettre que nous adressâmes au souverain Pontife; elle porte la date du mois d'août 1842. Nous avions également envoyé à Sa Sainteté une copie de notre Mémoire au conseil des Ministres.

Voici en quels termes nous nous exprimions dans la lettre précitée :

« Très-Saint-Père,

» Je transmets à Votre Sainteté une réponse à la note qui m'a été adressée par le Secrétaire de la Congrégation consistoriale, le 16 juillet de cette année.

» J'ai cru devoir vous faire connaître, Très-Saint-Père, la vérité tout entière avec cette franchise et cette liberté, qui ne seront jamais séparées dans mon cœur des sentiments de respect et de dévouement dont je suis animé pour le Saint-Siége, et pour la personne auguste de Votre Sainteté.

» Si dans mes réclamations auprès de Son Eminence le Cardinal Lambruschini je me suis plaint avec beaucoup de vivacité, c'est que j'étais alarmé non-seulement par les motifs exposés dans le Mémoire que j'ai adressé à M. le Ministre des Cultes, et dans la note ci-incluse, mais aussi à cause de la manière dont l'exemption en faveur du Chapitre de Saint-Denis m'a été proposée.

» Il ne fut d'abord question que de constituer canoniquement un Chapitre qui ne l'était pas; plus tard, une exemption ayant été demandée, je ne fus pas contredit lorsque je supposai que le titre de Primicier serait uni à perpétuité à celui d'Archevêque de Paris. Plus tard encore, mais sans jamais faire de propositions écrites, la séparation des deux titres fut énoncée; enfin il n'avait été question que d'exempter le Chapitre, on parla d'y ajouter les Maisons royales. Effrayé de ce que les exigences devenaient tous les jours plus grandes, je le fus encore davantage lorsque je me crus autorisé à penser qu'elles seraient favorablement écoutées, et probablement accueillies. J'avais écrit à un Prêtre distingué de mon diocèse, qui résidait en ce moment à Rome, et qui avait eu occasion d'entretenir Son Eminence le Cardinal Lambruschini. Il me répond que c'est à Paris qu'il faut arranger cette affaire, parce que le Saint-Siége ne croira pas pouvoir refuser la demande formée par le Roi. L'Internonce de Votre Sainteté qui, plus tard, me fit espérer que l'exemption serait fort restreinte, me disait, dans le principe : *C'est à Paris qu'il faut vous arranger;* le Saint-Siége ne pourra refuser, à cause de l'intérêt général de l'Eglise. Tout cela m'autorisait à craindre l'exemption la plus fâcheuse.

» J'en étais d'autant plus affligé, que je savais de mon Prédécesseur qu'il n'avait jamais redouté qu'on lui en imposât aucune, même très-restreinte : il se tenait assuré qu'elle ne serait jamais accordée malgré son consentement. Je ne pouvais m'expliquer comment ayant été plus docile aux volontés de Votre Sainteté, touchant les rapports qu'il convient à un Evêque d'entretenir avec le Gouvernement, je pouvais être moins favorablement écouté.

» Daignez agréer les sentiments de mon dévouement filial, et accorder votre bénédiction apostolique à celui qui est avec un très-profond respect, Très-Saint-Père, etc. »

Ce n'était pas sans motif que nous demandions comme premier objet de l'enquête, que l'on s'assurât si le Chapitre de Saint-Denis et les Maisons royales de la Légion-d'Honneur désiraient l'exemption dont on voulait les gratifier. Avant d'avoir cherché à connaître leurs sentiments, nous reçumes une réclamation de la Supérieure des Religieuses des deux succursales. Elle manifestait en son nom, et au nom de ses deux Communautés, les craintes les plus vives d'être soustraites à la juridiction de l'Archevêque de Paris. *Que nous avons été malheureuses*, nous disait-elle, *et combien l'ordre et la discipline de nos Maisons ont souffert sous l'administration de M. le Grand-Aumônier! sommes-nous condamnées à retomber dans une aussi pénible situation?* Nous lui répondimes que nulle puissance au monde ne pouvait lui imposer un privilége qui lui semblait funeste, et nous l'engageâmes, ne croyant pas à propos de nous charger de sa réclamation, à l'adresser au Saint-Siége par l'intermédiaire de M. l'Internonce. Cette démarche fut couronnée d'un plein succès, et elle explique pourquoi les succursales comprises dans les statuts ne le sont pas dans la Bulle. Le Chapitre et la

Maison royale n'eurent pas l'idée de faire une semblable manifestation; mais nous croyons être certain qu'aucun Chanoine, aucune Dame de Saint-Denis n'ont pensé au privilége obtenu en leur faveur, et plusieurs, sans que nous ayons jamais cherché à pénétrer leurs sentiments, ont exprimé leur peu d'empressement, ou même des craintes sérieuses sur la situation qu'on veut leur faire. Quoi qu'il en soit, nos démarches auprès du Saint-Siége furent aussi inutiles que celles que nous avions faites auprès du Gouvernement. Le privilége fut accordé. Aussitôt que nous en apprîmes la concession, nous fûmes disposé à attendre avec résignation qu'il fût sanctionné par la loi. Nous crûmes même devoir exprimer au Roi cette disposition qui était très-sincère. Nous n'avons jamais aimé la lutte, et il nous est impossible d'exprimer combien celle-ci nous était devenue pénible. Cette peine était augmentée par suite d'un surcroit d'embarras qu'elle faisait peser sur nous au début d'une administration très-laborieuse et remplie de tant de difficultés. Nous ne tardâmes pas à apprendre que le silence que nous voulions garder deviendrait probablement difficile. Nous avions conçu déjà quelques soupçons que le Gouvernement désirait plus que l'exemption du Chapitre de Saint-Denis. Nous ne pouvions nous expliquer sa persistance à favoriser l'établissement d'un privilége si difficile à discuter devant les deux Chambres, qu'autant qu'il était destiné à seconder des projets que l'on n'avouait pas. Ce soupçon devint à nos yeux une presque certitude par suite des révélations multipliées qui nous furent faites. Les discussions qui ont eu lieu dans les bureaux, et même à la tribune de la Chambre des Pairs, sont loin d'avoir détruit la conviction produite par ces révélations. Elles justifient donc suffisamment les observations que nous avons faites soit sur le projet de loi, soit sur le Rapport de M. le comte Portalis.

Il nous reste à rappeler en peu de mots quelques faits qui ont précédé la discussion.

Nous avons déjà fait observer qu'on avait nié l'existence des statuts ; tout le monde a pu remarquer aussi qu'il a fallu qu'un Pair réclamât la communication de la Bulle, qui, du reste, a été faite sans difficulté. Mais on s'attendait si peu à la communiquer, qu'elle a été d'abord accompagnée de la traduction d'une Bulle précédente. On supposait donc que la Chambre se bornerait à discuter le projet de loi, qu'on avait essayé de rendre très-spécieux en le présentant comme une continuation du Chapitre prétendu exempt sous l'Empire et sous la Restauration. *Ce n'est pas un régime nouveau*, disait le Ministre, *qu'il s'agit d'introduire ; c'est un régime de quarante ans qu'il s'agit de consacrer en le régularisant*. Le Ministre disait aussi *que le Chapitre était placé sous l'autorité du Roi lui-même, et qu'il trouverait dans cette situation élevée le principe de son in-*

dépendance à l'égard de l'autorité diocésaine (1). La Bulle ne parlait pas d'annexes et dépendances, expressions fort élastiques, contenues dans l'article 1er du projet. Il était pourtant utile de comparer deux textes aussi différents, et sur une matière aussi grave. Ces diverses erreurs ou omissions ont été réparées, grâces à l'intérêt qu'a excité dans la Chambre le projet qui lui était soumis, mais elles n'en sont pas moins importantes à rappeler pour bien apprécier l'espèce de méfiance qu'a toujours inspirée même au Ministre des Cultes, le succès du privilége qu'il s'est chargé de proposer à la sanction législative.

Divers incidents qui ont précédé, accompagné et suivi la première discussion du projet méritent d'être signalés.

Le premier fait est l'adhésion donnée à l'exemption par un des deux hommes politiques qui l'avaient pré-

---

(1) *Pièces Justificatives*, n° 14.

cédemment désapprouvée. Il n'y a pas deux mois qu'ils engageaient dix ou douze journaux de province à la combattre ; ils étaient eux-mêmes armés de toutes pièces pour lui porter un coup mortel ; l'exemption dont la nature était pourtant bien connue devient subitement une chose excellente. On veut entraîner ses amis, ceux qui défendent la liberté religieuse avec autant de courage que de sagesse et de loyauté, à approuver ce qu'ils ont jusqu'ici redouté, et parce que leurs convictions résistent, on a recours pour les dompter à trois ou quatre Evêques éloignés de Paris, auxquels on essaie de persuader que le danger d'abord entrevu était un fantôme : ce moyen n'a réussi qu'en partie. Les convictions sont restées les mêmes, mais nul dissentiment n'a été manifesté. Est venue ensuite la discussion à la Chambre des Pairs, dans laquelle M. le marquis de Barthelémy est demeuré fidèle à cette parfaite droiture de caractère et à cette sage modération que tout le monde lui reconnaît.

M. de Barthélemy a proposé des amendements que le Gouvernement se serait empressé d'adopter s'il eût renoncé, comme on l'assure, à tout projet d'agrandir plus tard les attributions du Chapitre et de son Primicier; ce second fait sera sans doute remarqué par MM. les Députés (1).

La discussion était à peine terminée que l'on a vu paraître, au nom du Comité pour la défense de la liberté religieuse, la lettre d'un prélat, dont ce Comité n'avait pas autorisé la publication.

Il est bon, il est nécessaire que tous les Catholiques sachent le degré d'autorité qu'il faut attribuer à ce revirement subit dans l'opinion de deux ou trois personnes, que leurs propres amis n'ont jamais sanctionnée que par un silence indulgent.

A la suite de cette dernière manifestation est venue la présentation du

---

(1) Voyez *Pièces Justificatives*, n° 15.

projet de loi à la Chambre des Députés (1).

Discussion du projet de loi concernant le Chapitre de Saint-Denis.

Afin d'apprécier la portée du projet de loi avec une parfaite exactitude, nous avons à examiner 1° si l'exemption qu'il consacre était nécessaire pour régulariser, sous le rapport civil et canonique, la situation du Chapitre de Saint-Denis; 2° si elle était utile à la dignité ou à la prospérité de cet établissement; 3° quelle marche on a suivie pour l'obtenir; 4° quelle est la nature de ce privilége; 5° quels motifs ont décidé le Saint-Siége; 6° quels ont été les motifs du Gouvernement; 7° quelles raisons ont produit l'adhésion tardive qu'ont donnée quelques catholiques à un projet qu'ils avaient d'abord combattu.

I.

A en croire l'exposé des motifs, présenté à la Chambre des pairs le

(1) Voir parmi les *Pièces Justificatives*, n° 16.

9 mars 1847, il y avait une sorte de nécessité à ne point séparer l'organisation canonique du Chapitre de Saint-Denis d'un privilége portant exemption de la juridiction de l'Ordinaire.

« La Restauration, comme l'Empire, dit M. le Ministre des Cultes par intérim, ne consentait pas à faire du Chapitre de Saint-Denis un simple établissement diocésain soumis à la juridiction de l'Ordinaire. C'était également, sous deux régimes si différents, une institution religieuse et politique, fondée pour consacrer par le sceau de la religion les plus beaux souvenirs de notre histoire ; placée sous l'autorité du Roi lui-même, et trouvant dans cette situation élevée le principe de son indépendance, à l'égard de l'autorité diocésaine (P. 4). » La même assertion est répétée à la page 5. M. le Ministre conclut que *ce n'est pas un régime nouveau qu'il s'agit d'introduire ; mais que c'est un régime ayant quarante ans de durée qu'il s'agit de consacrer en le régularisant.*

Cette prétendue exemption n'a existé ni en fait ni en droit pendant toute la durée du régime impérial.

En fait, les Chanoines-Evêques, nommés par l'Empereur, n'ayant jamais observé la résidence, n'ont pu exercer aucun pouvoir; en droit, nul acte émané de la puissance compétente, ni même d'un pouvoir quelconque, n'a concédé ce privilége (1).

Sous la Restauration, il s'éleva une discussion fort vive entre l'Archevêque de Paris et le Grand-Aumônier, au sujet des pouvoirs que celui-ci prétendait conférer soit aux Prêtres de la Chapelle royale, soit aux membres du Chapitre; mais il fut reconnu dans un Réglement, approuvé par le Roi le 23 janvier 1826, que tous les ecclésiastiques dépendant du Grand-Aumônier *devaient prendre leurs pouvoirs de l'Ordinaire pour l'administration des sacrements et la prédication*, ce qui, en d'autres termes, veut dire qu'ils n'avaient point l'exemption conte-

(1) Voyez parmi les *Pièces Justificatives*, les Statuts du Chapitre, en date du 20 février 1806, n° 1.

nue dans la Bulle qui autorise le Primicier à concéder ces mêmes pouvoirs.

L'erreur de M. le Ministre des Cultes par intérim, qu'a su éviter M. le comte Portalis, est venue de l'annexion du Chapitre à la Grande-Aumônerie. Par suite de cette union, les Chanoines ne pouvaient avoir plus de priviléges que les Aumôniers même du Roi. Or, le Réglement précité réduit les pouvoirs de ceux-ci à ce qui avait rapport aux dévotions du Roi, des Princes et des Princesses.

M. le Ministre par intérim a fait valoir un autre argument qui n'a pas plus de force : « Nous vous demandons, dit-il, une dérogation à l'article 10 de la loi organique qui déclare toutes les exemptions abolies ; mais l'art. 11 déclarant les Chapitres collégiaux supprimés, et celui de Saint-Denis étant une véritable collégiale, nous avons pensé que deux dérogations à la loi organique n'auraient pas plus d'inconvénients qu'une seule. » Quelque étrange que puisse paraître une semblable argumentation, chacun peut facilement s'assurer que, si nous l'avons rendue plus claire, nous ne l'avons pas affaiblie (1).

Quoi qu'il en soit, en supposant que l'article 11, qui était surtout dirigé contre les ordres religieux, fût applicable aux Collégiales, il est facile de remarquer l'immense distance qui le sépare de l'article 10 (2). Celui-ci est destiné à empêcher le retour d'abus contre lesquels avaient réclamé les Conciles-Généraux, la Magistrature, le Clergé, les Canonistes français de toutes les opinions ; divisés sur d'autres points, ils étaient tous d'accord sur ce point important. La conservation ou la suppression de quelques Collégiales était au contraire une chose fort indifférente dans l'intention du législateur. Si elles sont supprimées par l'article 11, ce qui nous parait fort douteux, la dérogation à cet

---

(1) Voyez pag. 6 et 7 de l'*exposé des motifs* du 7 mars 1847.
(2) Voyez *Discours et Rapports de M. Portalis*, etc. p. 224 et suiv.

article est un acte législatif sans inconvénient.

Les deux motifs que nous venons d'indiquer ne formant pas même un prétexte, n'ont eu d'autre but que d'éblouir les hommes peu au fait d'une question dont l'application est aussi rare. La nécessité de l'exemption disparaît donc complètement ; passons à l'examen de son utilité.

II.

Dans une lettre à M. le comte de Montalembert, Mgr l'Evêque de Langres soutient l'utilité de l'exemption, et vient ainsi en aide à M. le Garde des Sceaux et à M. le comte Portalis. « Il n'y avait, dit le Prélat, que quatre
» partis à prendre : il fallait ou dé-
» truire ce corps ecclésiastique cano-
» niquement irrégulier, ou le laisser
» indéfiniment dans son irrégula-
» rité, ou confier son organisation et
» son gouvernement à l'autorité de
» l'Archevêque de Paris, ou enfin faire
» ce que le Saint-Siége a fait, accor-
» der à ce Chapitre un privilége d'ex-

» emption, en le plaçant immédia-
» tement sous la juridiction suprême
» du souverain Pontife (1). »

Tout le monde est d'accord qu'il ne faut pas détruire le Chapitre de Saint-Denis, et qu'il n'est pas possible d'en laisser indéfiniment l'organisation irrégulière ; la seule question à examiner sérieusement est celle de savoir s'il était préférable de la régulariser en accordant une exemption à ce corps, ou en le laissant soumis à l'Ordinaire. Nous ne parlons pas du pouvoir canonique compétent pour consommer cet acte. Nous défions qu'on cite une seule autorité de quelque poids, en vertu de laquelle on pût refuser à l'Archevêque de Paris le droit d'organiser canoniquement le Chapitre de Saint-Denis ; mais quelque incontestable que soit ce droit, nous avons été le premier à approuver le recours au Saint-Siége.

Il n'est pas moins certain que le Pape pouvait faire une érection sans

(1) Lettre de Mgr l'Evêque de Langres à M. de Montalembert, pag. 6.

privilége. Pour lui comme pour toute autorité, le privilége est une exception, et dans sa conduite ordinaire, il se conforme et doit se conformer au droit commun. Pour prouver qu'il y avait convenance à en sortir et à former un corps exempt, Mgr l'Évêque de Langres a fait une suite d'hypothèses véritablement inadmissibles : il suppose 1° qu'il y aura des Chanoines-Évêques résidant à Saint-Denis. Nous pourrions opposer à ce fait une expérience de quarante ans, pendant lesquels ces Prélats n'ont été que de véritables pensionnaires de l'État. Un ou deux seulement ont résidé peu de temps, et n'ont pas tardé à abandonner l'Église dont ils étaient titulaires. Le Gouvernement obtiendra t-il à l'avenir ce qu'il n'a point obtenu depuis dix-sept ans, ce que n'a pu obtenir l'Empire, ce que n'a point exigé la Restauration ? Il ne peut se faire cette illusion. Des Prélats qui ne donnent presque jamais leur démission qu'après être parvenus à l'âge de soixante-dix ou quatre-vingts ans, iront-ils terminer leurs jours loin de leur famille, de leurs amis, ou de leurs ouailles, dans une ville dont les mœurs forment le plus étrange des contrastes avec celle d'un Évêque? Se résoudront-ils à se séparer de tous ceux qui pourraient les consoler, au moment où l'homme a le plus besoin d'être soutenu contre l'affaiblissement de sa force physique et morale, par le dévouement qu'inspirent la piété et la charité chrétiennes? Le Gouvernement les condamnera-t-il à cet exil si cruel, sous peine de perdre leur traitement (1)?

(1) M. Portalis père était complètement de notre avis. « Il paraît, disait-il à l'Empereur, que l'on vou-
» drait soumettre les dix Evêques qui composeraient
» le Chapitre de Saint-Denis à la loi de la résidence...
» J'aurai l'honneur de faire observer à votre Majesté
» que ces Evêques, vieux et souvent infirmes, sont peu
» propres à devenir en quelque sorte des habitués de
» paroisse... D'après ce qui me revient de toutes parts,
» les Evêques, qui, dans ce moment, sont membres du
» Chapitre de Saint-Denis, seraient bien malheureux
» si on les soumettait à résider, à chanter l'office, et
» à faire journellement les fonctions de chanoines. »
(*Discours et Rapports de M. Portalis*, p. 560.)
Nous venons de voir que cette prévision s'est parfaitement réalisée.

Voilà donc une première impossibilité morale. Supposons toutefois qu'elle n'existe pas ; que les Chanoines-Évêques soient fidèles à la résidence. Il se présenterait une seconde impossibilité. Mgr l'Évêque de Langres doit être convaincu qu'ils auront pour leur dignité et leur légitime indépendance un zèle aussi éclairé que celui qu'il éprouve lui-même. La pensée qui viendrait naturellement à tous, c'est que l'Archevêque de Paris n'a aucun droit de les constituer ses conseillers. Ainsi que ce prélat le remarque fort bien : « Ils verraient avec peine n'avoir d'autre avenir pour leur vieillesse que d'être un jour les assistants et les ministres d'un de leurs collègues. » (Lett. de Mgr de Lang., p. 12.) Il ne saurait donc leur convenir d'être les instruments de ses desseins bons ou mauvais. Notre titre de Chanoine, diraient-ils, ne nous oblige qu'à assister à la prière publique, si toutefois notre âge et nos infirmités nous permettent l'accomplissement de ce devoir.

M. Portalis, père, avait vu le danger dans une situation tout opposée à celle qui alarme Mgr l'Évêque de Langres. Il supposait que des Evêques déchargés de l'immense responsabilité qui pèse sur l'Archevêque de Paris et de celle qui pesait sur eux, quand ils étaient à la tête de leurs Diocèses, seraient tentés de se mêler de toutes les affaires ecclésiastiques de la France; et surtout de celles du diocèse de Paris, ajouterions-nous si notre respect pour l'Épiscopat ne nous faisait regarder une semblable crainte comme chimérique, quoiqu'elle le soit un peu moins que celle de Mgr l'Évêque de Langres.

Quoi qu'il en soit, des Évêques de soixante-dix ou quatre-vingts ans se soumettant à être des Conseillers dépendants et subordonnés, pour le plaisir de faire de l'Archevêque de Paris un patriarche, est une hypothèse dénuée de toute vraisemblance, que nous n'hésitons pas à qualifier d'impossible.

Voici une troisième impossibilité:

Quel est l'Archevêque de Paris qui voudrait n'agir qu'avec un conseil qui, quelque vénérable qu'il fût, l'arrêterait à chaque pas qu'il essayerait de faire?

Une quatrième impossibilité serait de décider l'Épiscopat à accepter la direction à laquelle on suppose que peuvent aspirer nos successeurs. Il y aurait treize Archevêques en France et soixante-six Évêques qui diraient avec Mgr l'Évêque de Langres : « Nous « avons nos Diocèses circonscrits et « réunis en provinces par le concor- « dat : ces provinces ont chacune leur « métropole, et ces métropoles, dont « Paris n'est pas, il s'en faut bien, « ecclésiastiquement la première, ont « pour centre unique le Saint-Siége. » (Ibid. p. 13.)

Chaque métropolitain ajouterait que son autorité, soutenue par celle de ses suffragants, est une autorité canonique, reconnue dans tous les temps par l'Église; que réunis, les Évêques de la province peuvent porter des réglements de discipline pour plusieurs Diocèses; tandis que l'Archevêque de Paris, fût-il entouré de cinquante Chanoines-Évêques, ne peut porter des statuts que pour son Eglise.

Mgr l'Évêque de Langres suppose le patriarchat d'un futur Archevêque de Paris, désiré dans l'avenir par le Gouvernement : or, c'est là précisément ce que le Gouvernement redoute le plus. M. Portalis, père, examina cette hypothèse au sein du corps législatif, lorsqu'il lui proposa de sanctionner par une loi le concordat de 1801, et il la repoussa comme souverainement impolitique. Il ne faut qu'être un peu initié aux motifs qui ont fait établir un Primicier à Saint-Denis, pour demeurer convaincu de l'extrême désir qu'a le Gouvernement de diminuer l'influence de l'Archevêque de Paris, en lui opposant une influence rivale. Il est donc aux antipodes de l'établissement redouté.

Si le Gouvernement veut exercer une influence sur l'Episcopat, il est bien plus naturel qu'il se serve d'un Primicier qui sera entièrement sous sa main; des vieillards affaiblis par l'âge pourraient craindre plus facilement une autorité de laquelle dépend leur existence temporelle, que celle d'un Archevêque auquel ils n'ont rien à demander. Si le Gouvernement ne désire pas un Patriarche, par qui est-il donc désiré?

Serait-ce le Pape qui voudrait consacrer l'abandon de son autorité sur les divers Diocèses du royaume? Cela est tout simplement absurde.

Concluons que notre vénérable collègue est tombé dans la plus étrange des illusions, lorsqu'il s'est effrayé subitement d'une suprématie, repoussée tout à la fois par le Saint-Siége, par le Gouvernement et par les Evêques. Nous n'avons pas besoin d'ajouter que nous la repoussons plus énergiquement que personne. Tout le monde sait que nous ne sommes pas des instruments trop serviles du pouvoir; jamais nous n'avons eu la pensée d'accroître nos travaux si graves et si multipliés, en nous ingérant dans les affaires des autres Diocèses. Le jour où un de nos successeurs tiendra une autre conduite, il anéantira sa propre autorité, et rendra à plus forte raison impossible son influence sur d'autres diocèses.

M. le Garde des Sceaux, par des raisons tout-à-fait différentes de celles du Prélat que nous venons de citer, soutient l'utilité de l'exemption; il va même jusqu'à la considérer comme nécessaire. Toutefois ses arguments, s'ils étaient fondés, prouveraient seulement la haute convenance du privilége. « *Croit-on,* dit M. le Ministre, *qu'il soit bon, qu'il soit juste, qu'il soit possible de soumettre un collége d'Evêques à l'autorité diocésaine* (1)? »

Dans le cours de la discussion il cite le privilége accordé à deux anciens Archevêques, devenus après le concordat l'un Evêque de Troyes, l'autre Evêque d'Autun. Ces privi-

---

(1) Discours de M. le Garde des Sceaux du 18 mai, à la Chambre des Pairs.

léges les exemptaient de la juridiction métropolitaine.

Commençons par remarquer les motifs tout-à-fait extraordinaires d'une semblable exception. Les deux Prélats avaient été eux-mêmes Métropolitains. L'exemption était purement personnelle, elle expirait avec les Titulaires. Elle n'était susceptible d'aucun inconvénient; car dans l'état actuel du Clergé de France, tous les Archevêques n'ont pas fait depuis quarante-cinq ans dix actes en vertu de leur juridiction métropolitaine.

Quant aux Chanoines-Evêques, la réponse, au sujet de leur prétendue dépendance, n'est pas difficile. Qu'on veuille bien faire attention à quoi elle se réduit : ceux qui voudraient prêcher et confesser, demanderaient des pouvoirs à l'Archevêque, comme tous les Evêques qui résident dans un Diocèse étranger sont obligés de le faire, vis-à-vis de l'Ordinaire. Avant d'être Archevêque de Paris, le Cardinal de Périgord a plusieurs fois demandé des pouvoirs aux Grands-Vicaires-Capitulaires, sans penser que sa dignité en fût abaissée. Quel est le dignitaire dans l'Etat, quelque élevé qu'il soit, qui pense être humilié en se soumettant à l'autorité que les lois confèrent à un Maire ou à un Juge-de-Paix? Mais les Evêques-Chanoines ne demanderont pas de pouvoirs, 1° parce qu'ils n'iront point à Saint-Denis ; 2° parce que, s'ils y allaient, ce ne serait point pour prêcher ou pour confesser. S'ils ont quelque acte de leur ministère à faire, quelque office à célébrer, ce sera bien plutôt à Paris qu'à Saint-Denis : or, dans ce cas, ils seront obligés, malgré leur exemption, de demander la permission à l'Archevêque, ou même aux Vicaires-Généraux Capitulaires, si le siége est vacant.

M. le Garde des Sceaux suppose que le recours à l'Archevêque, pour solliciter des pouvoirs, n'est ni juste ni possible ; mais la Bulle exige qu'ils soient demandés au Primicier. Or, ce Dignitaire, fût-il Cardinal, n'aura qu'une juridiction déléguée qui, par sa nature, est inférieure à la juridiction de l'Ordinaire. Il est évident qu'une juridiction qui tient essentiellement à la constitution même de l'Eglise, et qui, d'après les canonistes, est de droit divin, est supérieure à une juridiction qui n'a point un caractère aussi élevé. S'il pouvait y avoir abaissement pour des Evêques-Chanoines à recevoir des pouvoirs d'un autre Evêque, ce ne serait donc pas dans l'hypothèse que l'on veut bien faire.

Il y avait un moyen que l'Archevêque de Paris, non-seulement n'a pas repoussé, mais a plusieurs fois proposé. Il consistait à accorder l'exemption aux seuls Chanoines du premier ordre. Toutes les craintes de Mgr l'Evêque de Langres étaient ainsi calmées ; et l'impossibilité, qui arrête M. le Garde des Sceaux, s'évanouissait comme un songe.

Un de MM. les Pairs a fait une objection qui n'est pas plus solide. Si l'Archevêque est Primicier, il ne choisira pas les Chanoines dans tous les Diocèses, et cependant tel est le but de la fondation. L'auteur de cette difficulté n'a pas songé qu'elle était pleinement résolue par la nomination royale qui rendait le Roi aussi libre dans le choix des Chanoines qu'il l'est aujourd'hui dans le choix des Évêques. L'Archevêque aurait donné seulement l'institution.

Nous croyons avoir prouvé surabondamment que le Gouvernement aurait pu se borner à solliciter du Saint-Siége l'érection du Chapitre, sans réclamer en sa faveur une exemption complètement inutile.

Examinons maintenant la marche qu'il a suivie pour obtenir ce privilége du Saint-Siége.

III.

M. le comte Portalis a cité la Bulle de Martin V qui, en maintenant les exemptions accordées, exige que celles qui seront établies à l'avenir, le soient pour l'utilité générale ou pour une nécessité, mais toujours *cognitâ causâ, et vocatis quorum interest*. Nous venons de voir ce qu'il fallait penser de l'utilité générale et de la nécessité de l'exemption ; il nous reste à examiner si le Gouvernement a voulu prendre les moyens pour instruire suffisamment cette cause, et si tous ceux qui étaient intéressés ont été appelés. Nous avons demandé à M. le Ministre des Cultes, à plusieurs reprises et avec instance, à discuter les avantages et les inconvénients de l'exemption ; on n'a pas même daigné nous répondre ; on s'est borné à nous communiquer les statuts qu'on nie aujourd'hui : est-ce là instruire une cause ? on ne voudrait pas en agir ainsi s'il était question de former l'établissement le plus obscur. Les personnes intéressées ont été encore moins entendues. Nulle enquête n'a été faite au sein du Chapitre qui existe depuis quarante ans, et dans les Maisons de la Légion-d'Honneur. Nous ne pensons pas que l'on pût trouver dans l'histoire un seul exemple d'une semblable manière de procéder. On y verrait sans doute des fondateurs d'établissements obtenir certains priviléges avant leur création ; on y verrait des Rois obtenir pour leurs Chapelles des avantages semblables. Dans le premier cas, l'Eglise encourage la générosité des fondateurs, et elle ne fait point tort à des exempts qui n'existent pas encore, qui ont toujours le moyen d'échapper à l'exemption en n'entrant pas dans l'établissement privilégié. Dans le second cas, les Rois demandaient le privilége pour leur avantage particulier, et ils étaient en effet les seuls à en profiter. Dans le cas qui nous occupe, ce n'est pas M. le Ministre des Cultes, ce n'est pas le Gouvernement qui doivent profiter de l'exemption ; ce sont des Evêques, quelques Chanoines, l'Institution des Filles de la Légion-d'Honneur, et cependant aucune de ces personnes n'a été consultée. C'est là, nous le répétons, un fait unique d'autant plus digne de l'attention de la Chambre, que nous avons des raisons de penser que les établissements dont nous venons de parler sont peu favorables au privilége dont on veut les doter.

Passons à l'examen de cette faveur, et voyons quelle est sa nature.

IV.

L'exemption du Chapitre de Saint-Denis est la plus étendue qui puisse être accordée. Le Concile de Trente n'en prévoit pas même d'aussi considérable, puisque, d'après ses décrets, il ne peut exister de privilége, quel que soit son titre et l'indépendance qu'il confère, qui exempte de la visite et de la correction de l'Ordinaire. C'est ce que nous croyons avoir prouvé dans les réclamations que nous adressâmes en 1842 au conseil des Ministres (1). Nous faisions remarquer dans notre Mémoire que, pour éviter l'exemption, il n'y avait d'autre moyen que d'ériger Saint-Denis en Diocèse, ou en Eglise *nullius diœcesis*. Cette denière expression a eu une fortune sur laquelle nous ne comptions pas. On a imaginé de dire que l'Eglise de Saint-Denis, en vertu

(1) Voyez parmi les *Pièces Justificatives*, un extrait de ce Mémoire.

de son exemption, formait une Eglise *nullius*. Sans nous arrêter à discuter subtilement sur la nature de ce genre d'établissement, nous nous contenterons de remarquer que, d'après M. le comte Portalis, il n'y a que trois espèces d'exemptions : elles sont ou purement personnelles, ou purement locales, ou locales et personnelles tout à la fois; les lieux, ajoute-t-il, qui sont en possession d'une exemption locale et personnelle, sont des lieux de nul diocèse : (Voyez le rapport p. 24 et 25) et il conclut en disant (p. 27), que le Chapitre et l'Eglise de Saint-Denis doivent être rangés parmi les établissements ecclésiastiques de ce genre. Il est sans doute inutile de discuter cette notion que nous croyons peu exacte (1). Ce qui est important, c'est

(1) Les canonistes comptent trois sortes d'Eglises *nullius*, qu'ils distinguent par les trois manières différentes dont elles peuvent être séparées d'un Diocèse. Cette séparation peut venir ou de leur origine, ou d'un acte émané de l'autorité pontificale, ou de la prescription. Thomassin cite l'exemple d'une terre de Normandie qui n'avait pas été comprise dans la circonscription des Diocèses à une époque inconnue, et probablement au moment où cette province fut convertie au christianisme.

de ne pas se méprendre sur le privilége accordé à Saint-Denis. Or, il est très-vrai, comme le remarque le savant jurisconsulte, qu'il est personnel et local tout à la fois, qu'il ne constitue pas une seule, mais une double déro-

Nul Evêque limitrophe ne se trouvait donc en droit de réclamer un lieu qui n'avait pas été soumis à sa juridiction. Aucun exemple ne peut nous donner une idée plus exacte de l'indépendance d'une Église *nullius*. Le Prélat, quel qu'il fut, auquel ce territoire fut soumis, en était le véritable Ordinaire. Pour qu'une Église *nullius* devienne telle par une concession du souverain Pontife ou par prescription, il faut qu'elle soit aussi étrangère au Diocèse dont elle est extraite, que l'un de ces lieux oubliés dans la circonscription primitive des diocèses. C'est ce qui résulte de la doctrine de Fagnan et de Van Espen. « Exemptio, etiam
» totalis, quamvis sic exemptos solvat à jurisdictione
» Episcopi sive Ordinarii, tamen sic exemptos, aut lo-
» cum exemptum non dimembrat a Diœcesi, sed manent
» in ipsa Diœcesi et membra Diœceseos, licet privile-
» giata, ut notant doctores ad cap. 19, § De Officio Jud.
» ord. Item ad caput 7. eod. in 6. Et notavit post alios
» Canonistas Prosper Fagnanus, ad dictum cap. 19.
» n. 10, dicens : Ecclesias exemptas hoc differre ab eccle-
» sia *nullius* Diœceseos, quòd ecclesiæ exemptæ in Diœ-
» cesi esse dicantur, Ecclesiæ verò *nullius* Diœcesis,
» neque sint de Diœcesi, neque in diœcesi. Itaque,
» ait, status *nullius* Diœcesis liberat non modò à sub-
» jectione, sed etiam à situatione et denominatione ;
» exemptio verò tantùm à subjectione. » Van Esp. *tom*. 2, *pag*. 426, *part*. III, *tit*. II. *cap*. V, n. 45.

Il suit de cette doctrine que le Prélat d'une église *nullius* en est le véritable Ordinaire ; qu'il est aussi indépendant des diocèses voisins que le diocèse de Ver-

gation à l'art. 10 de la loi organique. D'après cela, on ne conçoit pas trop pourquoi M. le Ministre et M. le comte Portalis ont voulu donner à l'église de Saint-Denis, telle qu'elle sera constituée par la Bulle, un caractère qui aggrave, loin de les affaiblir, les objections dont le privilége va être l'objet.

Quant à nous, nous ne pouvons mieux le comparer qu'à celui qui exempterait une commune du Royaume de la juridiction administrative et judiciaire. Que penseraient les Chambres, si l'on venait leur proposer une semblable exemption civile (1)?

sailles l'est de celui de Chartres ou d'Orléans. Il n'en est pas ainsi de l'église et du Chapitre de Saint-Denis. La juridiction de son Primicier n'est pas complète. Quelqu'étendue que soit l'exemption, elle est pourtant limitée en ce qui touche les mariages. Les lieux et les églises *nullius* ont un territoire, un peuple, composé ordinairement de plusieurs paroisses : l'église de Saint-Denis n'a rien de semblable. Enfin, si elle avait le caractère que nous lui contestons, ne formerait-elle pas une incroyable anomalie dans notre droit public?

En voilà bien assez sur une question qui ne peut être d'un grand intérêt pour la Chambre.

(1) M. le comte Portalis conteste toute espèce d'assimilation entre le privilége qui exempterait une com-

Après avoir examiné la nature de l'exemption, il nous reste à en discuter les motifs.

V.

En recherchant les motifs de l'exemption, nous pouvons les considérer soit du côté du Pape, soit du côté du Gouvernement, soit du côté de quelques personnes qui, après l'avoir combattue, s'en sont constitués les défenseurs.

1° Le Pape a voulu rendre régulière l'existence d'un Chapitre qui, jusqu'en 1830, avait été fort équivoque sous le rapport canonique, et qui, depuis cette époque, était évidemment opposée aux règles de l'Eglise.

---

mune et celui qui exempte une église. La première, dit-il, *constituerait un Etat dans l'Etat, une nation étrangère dans la nation*; mais est-ce qu'un diocèse n'a pas des limites comme un royaume a des frontières? Les circonscriptions des diocèses, dit-il, n'ont commencé qu'au IVe siècle. Alors même que cette opinion ne serait pas contraire à celle de tous les canonistes qui font remonter aux Evêques établis par les Apôtres la fixation des diocèses, n'est-ce donc rien qu'un droit établi depuis quinze siècles? La comparaison que nous avons faite entre la commune exempte et l'Eglise privilégiée est donc parfaitement juste.

L'exemption n'était nullement nécessaire pour cela : mais, 2°, ainsi que nous l'avons plusieurs fois remarqué, le Saint-Siége a cru devoir profiter de l'occasion qui lui était offerte de déroger à une disposition légale contre laquelle il avait réclamé. Nous reconnaissons que le Saint-Siége peut dans certaines circonstances accorder des exemptions, et nous n'hésiterions pas à accepter celle de saint-Denis, s'il n'était évident pour nous qu'elle n'a pas été spontanée de la part du Pape, qu'elle a été accordée à un Gouvernement qui doit la considérer comme une faveur, et non comme une chose imposée par l'autorité pontificale. 3° Le chef de l'Eglise n'a vu, et n'a dû voir dans la première demande qui lui a été adressée, et dans la concession qu'il a faite du privilége, qu'un moyen légitime de favoriser une fondation religieuse. Tel a été son troisième motif. Nous avons des raisons de croire que lorsqu'il a été assuré des projets qui se rattachaient à l'exemption du Chapitre de Saint-

Denis, il a regretté cette première faveur; il a éprouvé ce regret, malgré l'intérêt puissant qu'a le Saint-Siége à ménager les gouvernements catholiques, et à leur accorder les faveurs spirituelles qu'ils sollicitent; cet intérêt était un dernier motif qui a dû influer sur la conduite du Pape Grégoire XVI. Peut-être le Pape a-t-il cru aussi que le Chapitre de Saint-Denis était une fondation royale, tandis qu'il n'est en réalité qu'une fondation de l'Etat. Les fondations royales peuvent, sur la demande des Princes ou Rois fondateurs, être favorisées de priviléges. Mais ces fondations doivent, pour les mériter, être dotées par la Couronne et non par l'Etat. On a prétendu que Saint-Cyr était une fondation royale quoique dotée avec la mense abbatiale de Saint-Denis : ne disputons pas sur les mots. Saint-Cyr n'a jamais obtenu d'exemption de la juridiction de l'Ordinaire; il était soumis à l'Evêque de Chartres. Ainsi on demande pour la Maison royale de Saint-Denis, entièrement semblable à celle de Saint-Cyr, un privilége que Louis XIV et Napoléon ne pensèrent point à solliciter, et le Chapitre de Saint-Denis l'obtient aussi, mais dix fois plus étendu que ne le posséda jamais le Clergé de la Chapelle du grand Roi. Pour justifier une demande aussi peu motivée, on dit que le Chapitre est national : est-ce par la dotation? il ne l'est pas plus que la dernière succursale du royaume; est-ce par l'utilité qu'il procurera à la France? nous le croyons moins utile qu'aucun des Chapitres du Royaume; et nous ne doutons pas qu'avant deux ans le Gouvernement lui-même ne le trouve plus qu'inutile.

VI.

Les motifs qui ont déterminé le Gouvernement sont bien différents; mais pour être mieux compris, distinguons ceux qui sont clairement avoués, de ceux qu'on se borne à laisser entrevoir.

Il est à remarquer d'abord, au sujet des premiers, que l'on confond perpétuellement deux choses : l'organisation canonique du Chapitre, et le privilége obtenu en sa faveur. On a voulu, dit-on, premièrement, offrir à de vénérables Evêques un asile honorable; 2° faire profiter de ce même asile un certain nombre de Prêtres qui y trouveront un loisir indispensable pour de fortes études, et une utile préparation aux travaux de la chaire et de l'enseignement. Nous avons vu ce qu'il fallait penser de l'empressement qu'on suppose à des Evêques accablés d'années et d'infirmités, pour quitter leurs familles, leurs amis, et se rendre à Saint-Denis où ils seraient obligés d'assister plusieurs fois le jour à un office canonial; mais s'ils prennent ce parti, en quoi un Chapitre canoniquement institué sera-t-il un asile moins honorable qu'un Chapitre canoniquement privilégié ?

Les Chanoines du second ordre trouveront-ils dans l'exemption un motif plus puissant que s'ils vivent sous le régime du droit commun, pour se livrer à d'utiles travaux? Si nous consultons l'histoire des anciens Chapitres exempts, nous trouvons que leurs priviléges furent la cause la plus efficace de la décadence des études et de la discipline. N'est-ce pas d'ailleurs une illusion que de s'imaginer que des ecclésiastiques, promus presque tous dans un intérêt politique, seront plus amis de la retraite, plus passionnés pour l'étude, que les Chanoines des diverses cathédrales de France? Il n'est aucun de ceux-ci qui ne puisse plus facilement que le Chapitre de Saint-Denis, remplir ce double but. Outre les motifs hautement avoués, il en est d'autres qui sont assez mal dissimulés.

M. le comte Portalis, M. Mérilhou, M. le Garde des Sceaux lui-même se sont plaints à la tribune que l'on supposât des intentions sans aucune preuve de leur réalité. On doit s'abstenir sans doute de suppositions téméraires, mais on serait par trop naïf, si à une époque où l'art de dissimuler dans les affaires a été aussi perfectionné, on agissait uniquement d'après des intentions formellement exprimées. Il est facile d'ailleurs à chacun de juger s'il est possible que le Gouvernement ait fait tant d'efforts, subi tant de contradictions intérieures et parlementaires, pour exempter dix Evêques qui n'ont jamais pensé à l'exemption, qui n'en profiteront jamais, qui auraient prié le Pape de ne pas l'accorder, s'ils eussent été consultés. A-t-on fait jouer tant et de si puissants ressorts pour exempter des succursales de la Légion-d'Honneur, qui ont formellement demandé et obtenu qu'on ne leur infligeât pas ce privilége, pour exempter des Prêtres qui ne pensaient pas plus à l'exemption que les Evêques-Chanoines, et qui, nous assure-t-on, ont manifesté plusieurs fois qu'ils étaient fort peu désireux de la situation qu'on voulait leur faire?

Les défenseurs du projet font, tantôt du Chapitre de Saint-Denis un établissement fort restreint, et tantôt une institution qui doit exercer une grande influence sur les destinées futures de tous les Diocèses. Ils le présentent comme fort modeste, quand ils veulent calmer les craintes des catholiques; ils l'agrandissent jusqu'à le produire comme une institution nationale, quand ils veulent justifier des intentions qu'ils n'osent clairement avouer à la tribune, mais qui, cependant, ne sont douteuses pour personne. Un membre de la Chambre des Pairs le mieux initié aux desseins du pouvoir, a dit sans détours dans son discours du 18 mai, que les Evêques avaient sur le Clergé et les Communautés de leurs Diocèses une autorité trop étendue, qu'ils étaient trop indépendants du pouvoir civil, comme on l'a vu spécialement en ce qui concerne la liberté d'enseignement. Ces contre-vérités ont été surtout exploitées dans les conversations particulières, et on assure qu'elles ont décidé un grand nombre de Pairs en faveur du projet de loi. Sans ce secours il aurait, dit-on, succombé. Si l'on ne veut que vingt ou trente chanoines à Saint-Denis, comment peut-on espérer de vaincre l'*omnipotence* épiscopale qui est d'ailleurs un véritable fantôme destiné à effrayer ceux qui ne connaissent pas nos mœurs et nos règles?

On a donc d'autres projets, et alors pourquoi les dissimuler? pourquoi tromper les Chambres? Elles pourront refuser les fonds, dit-on! oui, sans doute, mais quand on est capable de donner à une institution des couleurs aussi fausses, quand le public est aussi gravement induit en erreur, ne peut-on pas craindre que l'œuvre ne soit couronnée par des moyens semblables à ceux qui l'ont fondée?

Pourquoi, si l'on ne veut qu'un petit nombre de Chanoines, a-t-on repoussé les amendements de M. le marquis de Barthélemy? Pourquoi, si l'on ne veut qu'un Primicier, chef du Chapitre de Saint-Denis, le Gouvernement repousse-t-il un amendement du même Pair, portant que la charge de Primicier est incompatible avec toute autre fonction; et qu'il ne pourra être investi d'autres attributions que de celles qui sont déterminées dans la Bulle?

Des personnes fort bien instruites ont affirmé qu'il y avait un projet d'établir à Saint-Denis un Séminaire de hautes études. Ce projet serait insensé, si les élèves de cet établissement étaient destinés exclusivement à alimenter le Chapitre. Il ne serait pas praticable si on le destinait à fournir aux divers Diocèses des Grands-Vicaires, des professeurs et des Curés de villes. Jamais les Evêques n'iront choisir des Grands-Vicaires, c'est-à-dire des Prêtres d'une confiance intime, pour lesquels ils ne doivent avoir aucun secret, auxquels ils confèrent tous leurs pouvoirs, parmi les sujets élevés loin d'eux, et avec une pensée politique ; c'est-à-dire avec une pensée propre à paralyser leur ministère. Les Evêques ne peuvent pas décourager le Clergé élevé sous leurs yeux, en nommant aux cures de villes des sujets arrivant de Saint-Denis, avec une science plus ou moins étendue, mais avec l'absence complète de tout ce qui constitue le Pasteur des ames.

Les professeurs que les Evêques destinent à leurs Séminaires, quand ils n'appartiennent pas à une Congrégation ecclésiastique, sont ordinairement formés au Séminaire de Saint-Sulpice, dont l'esprit inspire à tout le Clergé de France une entière confiance. Je doute qu'il y eût deux Evêques en France qui voulussent les recevoir du futur Séminaire de Saint-Denis. La pensée de cet établissement serait donc inexplicable, si on n'avait eu en même temps celle de préparer des Aumôniers pour les établissements dépendants de l'Etat, et peut-être des Evêques pour les Diocèses. Cette conjecture, si vraisemblable en elle-même, repose d'ailleurs sur des aveux dont l'authenticité n'est pas douteuse, sur des propos tenus à la Chambre des Pairs, par les Pairs les mieux instruits. Les catholiques ont été les premiers à s'en effrayer; mais l'expérience ne tarderait pas à prouver, si ce plan était réalisé, combien il serait funeste au

Pouvoir lui-même. Aujourd'hui, les diverses administrations, qui donnent leur agrément au choix des aumôniers, peuvent faire des observations à l'Évêque diocésain, si le choix fait par celui-ci leur paraît moins avantageux ; ces observations sont toujours écoutées avec le désir d'y faire droit, toutes les fois qu'elles sont fondées. Si quelque aumônier ne remplit pas convenablement sa mission, s'il montre un esprit peu conciliant, le remède est facile : l'Évêque choisit un autre aumônier parmi les cinq ou six cents prêtres de son diocèse ; cet aumônier est ordinairement connu et estimé de l'administration qui l'accepte ; il l'est au moins parfaitement de l'Évêque qui l'institue. Mais que deviendra le droit des administrateurs civils et militaires, lorsque les aumôniers leur seront envoyés de Saint-Denis ? que pourra faire le Primicier, lorsque des plaintes lui seront adressées ? faire permuter les ecclésiastiques qui n'auront pas réussi, c'est-à-dire perpétuer les mécontentements dans les établissements qui connaîtront bientôt les motifs de non-succès. Lorsque après deux ou trois changements, ces ecclésiastiques seront devenus impossibles, qu'en fera le Primicier? il ne pourra recourir aux Évêques diocésains, qui, dépouillés de leur droit, n'auront garde de prendre la responsabilité d'une administration qui leur est étrangère. On a dit que le Pape avait refusé, et refuserait toujours de prêter les mains à une semblable combinaison. Nous sommes disposé à le croire; mais il nous paraît certain qu'il a été vivement sollicité, et qu'on a fait valoir auprès de lui l'exemple des autres pays catholiques, de l'Autriche, du Piémont, de Naples, des petits Etats italiens. Ces exemples étaient assez mal choisis; car le patronage laïque et la juridiction spirituelle privilégiée sont depuis long-temps très-funestes dans ces contrées. Mais enfin on les alléguait, et ils étaient propres à produire une certaine impression sur la Cour de Rome qui a toujours beaucoup d'égards et de respect pour les traditions.

Revenons au Chapitre de Saint-Denis et à son Primicier. Si cette institution doit être restreinte dans les limites étroites que lui assigne le projet de loi, pourquoi l'exemption dont personne n'a soupçonné jusqu'ici l'utilité, qui a été combattue pendant six ans par les Ministres eux-mêmes, contre laquelle tous ses défenseurs actuels manifestaient, il y a encore peu de temps, une opposition que nous ne pouvons révoquer en doute?

Si le Primicier doit avoir hors du Chapitre une juridiction fort importante, pourquoi ne pas l'avouer hautement aux Chambres qui doivent lui donner la sanction légale, aux Evêques surtout qui pourraient si bien en apprécier les inconvénients? Plus on réfléchit sur l'ensemble de la conduite tenue par le pouvoir dans cette affaire, plus on demeure convaincu qu'elle a été dirigée par la pensée de rendre le Clergé, et l'Episcopat en particulier, moins indépendants, *plus malléables*, ainsi que l'a dit un personnage qui connaissait mieux que personne la pensée que nous discutons. On n'a pas réfléchi que le résultat contraire était le seul probable. La préférence donnée à un Evêque seul, à une centaine de Chanoines ou d'Aumôniers sera considéré comme une méfiance à l'égard de quatre-vingts Evêques, de cinquante à soixante mille Prêtres. Tel est l'effet probable, et même certain, d'une pareille tentative, qui, heureusement, ne se réalisera point.

VII.

Pendant que le Gouvernement trouve que le corps épiscopal et que le corps des Curés ne sont pas assez souples, il est des hommes qui les trouvent beaucoup trop complaisants. Ils ne se bornent pas à demander comme nous que l'on ne conserve pas sous notre droit public toutes les règles faites pour un autre régime; que l'on restreigne la protection accordée aux catholiques à la garantie du libre exercice de leur culte, à sanctionner le petit nombre de nos lois canoniques, qui ont tout à la fois un intérêt religieux et social, sauf au Gouvernement à se défendre par des lois équitables contre des empiétements réels, et non pas contre des empiétements chimériques; il faut aux hommes dont nous parlons, au lieu d'une situation qui rendrait nos rapports avec le pouvoir plus bienveillants en les rendant plus libres, une rupture ouverte, une liberté sans limites. Nous considérons la lutte comme un état pénible. L'Episcopat ne s'y est résigné en ce qui touche, par exemple, la liberté d'enseignement, qu'après dix ans d'attente et de patientes représentations. Les hommes dont nous parlons voudraient faire de la lutte un état permanent, et parce que les Evêques et le Clergé des paroisses, tout en désirant une liberté raisonnable, ne sont pas disposés à rompre les liens qui les unissent aux pouvoirs civils; nos libérateurs aspirent à les placer sous une direction extra-hiérarchique, c'est-à-dire à les faire conduire par des Prêtres qui ne font pas partie du Clergé séculier. Pour y parvenir, il faudrait que ceux-ci obtinssent des exemptions dont l'exécution ne dépendrait ni des Chambres ni du Conseil d'Etat; elles seraient réclamées de la seule conscience des Evêques. Nuls subsides ne seraient demandés comme pour les exempts de Saint-Denis; nul appui légal ne serait nécessaire, puisque nulle résistance ne serait faite.

Ces exemptions seraient-elles utiles à qui ceux en seraient gratifiés? Nullement. Les Evêques seraient moins disposés à les employer, et plus exigeants en tout ce qui ne serait pas compris dans le privilége; ils seraient plus réservés à autoriser dans leurs Diocèses l'établissement de ces ecclésiastiques. Tôt ou tard s'éleveraient des conflits funestes à tous; la vénération pour le Saint-Siége lui-même en serait affaiblie.

Tel est pourtant le but que se proposent des hommes qui, après avoir été fort peu favorables au projet de loi, ont cru y trouver l'avantage illusoire que nous venons d'indiquer, c'est-à-dire, d'une part, une plus grande indépendance à l'égard des Evêques, et de l'autre, un moyen de réaliser une rupture entière avec le pouvoir.

Réussiront-ils dans ce dernier projet? Nous n'oserions l'assurer. Toutefois, ils ont beaucoup plus de chances que n'en a le Gouvernement de faire réussir ses propres desseins : les Prêtres et les Évêques les moins disposés à s'engager dans une voie pleine de périls, n'hésiteront point, s'ils y trouvent le seul espoir de sauver la liberté légitime de l'Eglise. Voilà pourquoi le Gouvernement ferait sagement de ne pas dédaigner les réclamations modérées, celles qu'il peut accorder au milieu même des mille difficultés qui l'assiégent; il préviendrait ainsi une direction funeste à ses intérêts et à ceux de l'Eglise, beaucoup mieux que par l'introduction d'un privilége qui est devenu, et qui va être encore prochainement l'objet de tant de débats irritants.

Plusieurs Pairs ont exprimé le désir que le Clergé fût mêlé davantage à la société civile, convaincus, disaient-ils, que l'on s'entendrait mieux si l'on se voyait plus souvent. Si on a voulu parler des rapports tels que peut les inspirer la charité, le désir de dissiper des préjugés fâcheux, et de témoigner une bienveillance toute chrétienne, on a cent fois raison : les rapports d'une autre nature seraient dangereux. Nous serions énervés par des relations mondaines ; la piété et la foi disparaîtraient, le jour où le Prêtre et son Ministère seraient soumis à la politique, en auraient l'esprit et le langage. Quant à nous, lorsqu'il y a trois ans, le membre le plus influent du Ministère exprima le vœu de voir un banc de Pairs ecclésiastiques, nous nous empressâmes d'exprimer le vœu contraire devant le Clergé de Paris. Nous ne sommes jamais entré dans l'enceinte de l'Académie, et jamais membre de ce corps illustre ne nous a entendu exprimer la simple pensée d'en faire partie ; jamais depuis 1830, nous n'avons voulu profiter de nos droits de citoyen, ni exercer la plus légère influence sur le vote même des personnes qui nous étaient les plus dévouées; jamais nous n'avons voulu nous mêler aux affaires des familles qui nous témoignaient le plus de confiance. En faisant cette protestation, nous ne prétendons pas que le Clergé n'ait pu être admis utilement dans d'autres temps, soit à la Cour, soit dans les assemblées législatives; qu'il n'ait pu exercer une influence avantageuse au sein de quelques administrations et des Corps savants, mais nous pensons que ces temps sont loin de nous, et que nous avons aujourd'hui des devoirs tout différents à remplir. Avec cette conviction, nous en éprouv ns une autre qui n'est pas moins profonde, celle de conserver des rapports bienveillants avec les autorités civiles, de rendre à notre pays tous les services dont nous sommes capables, nous dirigeant toujours par un dévouement sincère, mais éclairé par la véritable connaissance de notre situation : c'est cette situation qu'un petit nombre de Catholiques ne nous paraît pas avoir bien appréciée. Ce n'est point faute de pénétration, car il est impossible d'avoir plus d'esprit; mais ils n'ont pas le même intérêt que nous à l'étudier dans ses difficultés pratiques; leur rôle est de prendre une attitude toujours militante, tandis que pour nous la guerre n'est qu'une exception, à laquelle nous nous résignons, alors que nous ne pouvons pas défendre autrement les intérêts sacrés qui nous sont confiés.

En affirmant les faits que nous venons d'énoncer d'après des renseignements très-sûrs, nous devons faire remarquer 1° qu'ils n'appartiennent qu'à un très-petit nombre d'individus, que la majorité des catholiques les plus zélés et les plus dévoués ne les approuve pas, que l'esprit du Clergé y est généralement opposé; il est peiné, sans doute, du peu d'air qu'on lui laisse pour respirer, des chaînes dont on charge son ministère; mais il croit beaucoup à la force que donne la patience chrétienne; il sait que l'Église triomphe surtout par la foi, bien plus que par l'arrogance et la menace. Ce n'est pas peu de chose que cette différence dans la manière de défendre nos droits. Vouloir contraindre les convictions est une folie; attendre qu'elles naissent du spectacle qu'offre un corps en ne répondant à ses détracteurs que par sa résignation, son dévouement et une défense modérée de ses droits, est au contraire une grande sagesse.

Il est bon d'ailleurs de remarquer que, parmi les partisans d'une lutte permanente, plusieurs n'ont pas aperçu le but extrême auquel on voudrait les conduire, et qui n'est rien moins qu'une rupture entière avec le Gouvernement.

Ces considérations, que la réserve qui nous est imposée nous empêche de rendre plus précises et plus explicites, ne sont pas étrangères au projet de loi; l'intention qui l'a conçu a été d'obtenir sur le Clergé une influence qu'on ne fait au contraire qu'éloigner, et rendre peut-être impossible. Comme elle a d'ailleurs l'inconvénient d'être dissimulée et tout à la fois aperçue par les esprits pénétrants, il n'y a rien de mieux à faire que d'y renoncer. Si on prend ce parti, qui, certainement, est le plus sage, que restera-t-il en faveur de l'exemption ? Ses plus zélés défenseurs ne le sont devenus que par complaisance ; aux yeux de tous les autres, elle est ou un objet indifférent ou un objet de répulsion.

Ceux qui ont demandé dans le cours de la discussion à la Chambre des Pairs si le *veto* de l'Archevêque de Paris pouvait arrêter le Gouvernement et les Corps législatifs, savent bien que notre opposition ne déterminerait pas deux votes contraires au projet de loi ; ce qui prouve au contraire la puissance du Gouvernement, c'est d'avoir pu obtenir un si grand nombre d'adhésions à un projet que tout le monde repoussait d'abord, et si nous ne désespérons pas entièrement de notre cause, c'est parce que la déférence pour le pouvoir s'arrêtera sans doute devant la crainte de lui faire un présent funeste.

PIÈCES JUSTIFICATIVES.

N. 1.

Décret impérial du 20 février 1806.

« Article Ier. L'Eglise de Saint-Denis est consacrée à la sépulture des Empereurs.

» Art. II. Il sera fondé un Chapitre composé de dix Chanoines chargés de desservir cette église.

» Art. III. Les Chanoines de ce Chapitre seront choisis parmi les Evêques âgés de plus de soixante ans, et qui se trouveraient hors d'état de continuer l'exercice des fonctions épiscopales. Ils jouiront, dans cette retraite, des honneurs, prérogatives et traitements attachés à l'Episcopat.

» Art. IV. Quatre Chapelles sont érigées dans l'église de Saint-Denis, dont trois dans l'emplacement qu'occupaient les tombeaux des Rois de la première, de la deuxième et de la troisième race, et la quatrième dans l'emplacement destiné à la sépulture des Empereurs.

» Art. 5. Des tables de marbre, placées dans chacune des chapelles des trois races, contiendront les noms des Rois dont les mausolées existaient dans l'église de Saint-Denis.

» Art. VI. Notre Grand-Aumônier soumettra à notre approbation un réglement sur les services annuels qu'il conviendra d'établir dans ladite église. »

N. 2.

Ordonnance royale du 23 décembre 1816.

« Sur le Rapport de notre Grand-Aumônier et de notre Ministre Secrétaire-d'Etat au département de l'Intérieur, nous avons ordonné et ordonnons ce qui suit :

« Article Ier. Il sera établi, pour desservir à

perpétuité l'ancienne église de l'abbaye de Saint-Denis, un Chapitre, sous le titre de Chapitre royal de Saint-Denis.

» Art. II. Le Grand-Aumônier de France sera le chef du Chapitre, et prendra le titre de Primicier.

» Art. III. Le Chapitre sera composé de dix Chanoines-Evêques, non compris le Primicier, et de vingt-quatre Chanoines du second ordre, dont six Dignitaires et dix-huit Chanoines.

» Art. IV. Seront aussi Chanoines dans l'ordre des Evêques, notre premier Aumônier; dans le second ordre, le Vicaire-Général de la Grande-Aumônerie de France, notre Aumônier ordinaire, nos Aumôniers par quartier, et le Supérieur des Clercs attachés au Chapitre.

» Art. V. Les Chanoines, soit du rang des Evêques, soit du second ordre, seront nommés par Nous, sur la présentation du Grand-Aumônier de France.

» Après la première nomination, ils ne pourront être choisis, pour les Evêques, que parmi ceux qui auraient été titulaires en France, et pour les Prêtres, que parmi ceux qui prouveront avoir été employés, au moins pendant dix années, soit dans l'exercice du Ministère, soit dans l'Administration d'un Diocèse.

» Le Grand-Aumônier de France pourra, avec notre agrément, conférer le titre de Chanoine honoraire à quelques Ecclésiastiques du second ordre. Toutes les personnes, autres que les Chanoines, attachées au service du Chapitre, seront nommées par le Grand-Aumônier de France.

» Art. VI. Un réglement, approuvé par nous, sur le Rapport du Grand-Aumônier de France, déterminera tout ce qui peut regarder le service du Chapitre, soit en général, soit en particulier.

» Art. VII. Notre Grand-Aumônier, et notre

Ministre Secrétaire-d'Etat de l'Intérieur, sont chargés, etc. »

N. 3.

Lettre du Roi aux Vicaires-Capitulaires de Paris.

« MESSIEURS LES VICAIRES-CAPITULAIRES DE PARIS,

» Nous avons satisfait au besoin le plus pressant de notre cœur, en ordonnant que les restes des Rois et des Princes qui ont gouverné la France avec tant de prospérité et tant de gloire, fussent rendus à leur ancienne sépulture et réunis à ceux de notre famille que la Providence a voulu nous conserver. Désirant également remplir envers ces chers et illustres morts les devoirs consolants de la Religion, nous avons fondé un Chapitre royal, destiné à reprendre et à perpétuer, dans l'église de l'ancienne abbaye de Saint-Denis, les prières et les suffrages qui ont été si long-temps interrompus; voulant en outre que ce Chapitre soit uni à notre chapelle royale, et que les membres qui le composent soient regardés comme faisant partie de son Clergé en ce qui concerne la sépulture des Rois de France, les services et prières pour le repos de leurs ames, nous avons chargé notre Grand-Aumônier de pourvoir à la formation, installation et établissement dudit Chapitre. Je vous fais donc cette lettre pour que vous connaissiez mes intentions à cet égard, et que vous preniez, si besoin est, telles mesures que vous croirez convenables pour leur pleine et parfaite exécution. Sur ce, je prie Dieu, Messieurs les Vicaires-Généraux, qu'il vous ait en sa sainte garde. »

Ecrit à Paris le 8 janvier 1817.

N. 4.

Lettre du Roi au Grand-Aumônier.

« Mon Cousin, je regarde comme une suite des faveurs de Dieu sur mon royaume, sur ma famille et sur moi, la consolation qu'il me donne de pouvoir rassembler en un même lieu et rendre à leur ancienne sépulture les restes des Rois et des Princes qui avaient été dispersés pendant les jours des malheurs de la France. Je viens de fonder un Chapitre royal, destiné à reprendre et à perpétuer les prières et les suffrages de l'Eglise auprès de ces honorables dépouilles, et je vous ai déjà chargé, par mon ordonnance du 23 décembre 1816, du soin de l'établir dans l'église de l'ancienne abbaye de Saint-Denis. Désirant environner ce Chapitre d'une considération particulière, nous voulons qu'il soit et demeure uni à notre chapelle royale, et que les membres qui le composent soient regardés comme faisant partie de son Clergé, en ce qui concerne les sépultures des Rois de France, services et prières pour le repos de leurs ames. Je vous fais donc cette lettre, afin que vous connaissiez mes intentions, et que vous ayez à vous y conformer. Sur ce, je prie Dieu, mon Cousin, qu'il vous ait en sa sainte et digne garde. »

Ecrit à Paris, le 8 janvier 1817.

N. 5.

Lettre des Vicaires-Capitulaires au Grand-Aumônier.

« Monseigneur,

» Son Excellence le Ministre de l'Intérieur (chargé à cette époque des affaires ecclésiastiques) nous a fait l'honneur de nous transmettre *l'ampliation* d'une lettre, par laquelle Sa Majesté daigne nous faire connaître l'intention religieuse dans laquelle elle est de fonder un Chapitre royal, dans l'église de l'ancienne abbaye de Saint-Denis, qui sera chargé de reprendre et de perpétuer, pour le repos de l'ame des Rois et des Princes, les prières et les suffrages si long-temps interrompus.

» Sa Majesté nous invite à prendre, si besoin est, telles mesures que nous croirons nécessaires et convenables pour la pleine et parfaite exécution de la fondation royale.

» Nous croyons, Monseigneur, devoir mettre sous les yeux de Votre Grandeur les observations suivantes :

» La fondation faite par le Roi devient nécessairement l'objet de l'érection du Chapitre, laquelle, suivant les règles canoniques, est du ressort de l'autorité ecclésiastique.

» La juridiction capitulaire que nous exerçons, pendant la vacance du siége, n'a point ce degré d'autorité ecclésiastique nécessaire pour un acte spirituel aussi grave que l'est l'érection d'un Chapitre, genre d'établissement invariable par sa nature, tandis que les règles canoniques ne nous autorisent qu'à l'administration ordinaire du Diocèse, et à des actes provisoires dans des cas urgents.

» Ces observations nous ont paru, Monseigneur, d'autant plus impératives pour nous, que le Chapitre royal de Saint-Denis serait exempt de la juridiction de Mgr l'Archevêque de Paris, et que des Vicaires Capitulaires ne peuvent créer une exemption de la juridiction épiscopale.

» Si vous daignez, Monseigneur, agréer, comme nous osons l'espérer, ces réflexions commandées par des lois que, dans toutes les occasions, vous nous apprenez vous-même à maintenir, nous vous prions de vouloir les mettre aux pieds de Sa Majesté, en la suppliant de consentir que les ecclésiastiques qu'elle destine à remplir des fonctions dans l'église de Saint-Denis, y soient considérés d'abord comme faisant simplement partie du clergé de sa chapelle, et qu'ils attendent, *pour prendre le titre d'un Chapitre*, que les formes canoniques nécessaires aient été remplies. Les intentions religieuses de Sa Majesté seraient exécutées, et les lois de l'Eglise seraient respectées.

» Nous avons l'honneur, etc.

Signé « Jalabert, d'Astros, et l'Abbé de la Myre, V. G. C. »

Les Grands-Vicaires auraient pu ajouter que la Bulle qui accompagne le Concordat et l'article x de la Loi organique, avaient aboli tout privilége portant exemption de la juridiction des Ordinaires; et ceux de la Grande-Aumônerie étaient de ce genre.

Quoi qu'il en soit, le lendemain du jour où la lettre des Grands-Vicaires parvenait au Grand-Aumônier, celui-ci leur répondait par une lettre qui prouve que ces principes étaient bien peu compris.

N. 6.

Lettre du Grand-Aumônier aux Vicaires-Généraux Capitulaires.

« Messieurs,

» J'ai pris, dit le Prélat, les Ordres du Roi au sujet des observations que vous m'avez prié de lui mettre sous les yeux : l'intention de Sa Majesté n'a point été de vous demander de procéder à l'érection du Chapitre royal de Saint-

Denis, ni à aucun acte relatif à cet objet, ainsi que vous l'avez cru ; mais de vous informer qu'elle avait voulu qu'il fût et demeurât uni à sa chapelle royale, à laquelle elle daigne l'attacher, et que les personnes qui le composeront fassent partie du Clergé de la Cour, dont le Grand-Aumônier est le chef spirituel.

» L'invitation que contient la lettre de Sa Majesté, de prendre, si besoin est, les mesures nécessaires et convenables, porte sur la prévoyance et le soin des précautions, pour que ses religieux desseins, dont il a confié l'exécution à l'autorité ecclésiastique de sa chapelle, ne soient pas troublés ou traversés par des contestations, sur un établissement que sa nature, sa forme, le lieu où il a été placé, les personnes royales qu'il regarde, et les fonctions particulières des membres qui le composent, doivent mettre à l'abri de toutes difficultés et discussions. Le Roi se propose d'ailleurs de recourir à Rome, pour obtenir les concessions que les souverains Pontifes n'ont jamais manqué d'accorder, pour ces sortes de fondations qui tournent à l'avantage de l'Eglise (1).

» Veuillez recevoir, etc. »

Trois jours après, parut un nouvel acte plus

(1) Les exemptions de la Grande-Aumônerie étaient les priviléges auxquels il fallait appliquer la maxime : *Odiosa sunt restringenda*. De quel droit le Grand-Aumônier étendait-il ainsi à une église qui n'avait jamais été chapelle royale, les exemptions réservées à celle-ci ? Une chapelle royale est celle qui fait partie d'un palais royal ou d'une maison royale. Il ne suffisait pas que l'église de Saint-Denis fût déclarée église royale pour le devenir réellement, sans quoi le Roi aurait pu autrefois unir à la Grande-Aumônerie toutes les collégiales de France qui auraient consenti à cette union.

imoprtant sous le sceau de l'Archevêque Grand-Aumônier, et le contre-seing du Secrétaire-Général de la Grande-Aumônerie (M. l'Abbé Feutrier). Cet acte présente un trop grand intérêt, relativement à l'organisation du Chapitre de Saint-Denis, pour qu'il ne soit pas nécessaire de le reproduire ici. En voici les termes exprès :

N. 7.

Ordonnance du Grand-Aumônier.

« Au nom de la très-sainte Trinité, Alexandre-Angélique de Talleyrand-Périgord, Archevêque, Grand-Aumônier, Duc et Pair de France, commandeur de l'Ordre du Saint-Esprit, Primicier du Chapitre royal de Saint-Denis ; à tous présents et à venir salut en notre Seigneur Jésus-Christ.

» Si la piété envers les morts est recommandée dans les divines Ecritures et par la tradition constante de l'Eglise comme une œuvre agréable au Seigneur; si elle est une des consolations les plus douces et les plus légitimes des familles dans chacune des conditions de la vie humaine ; il est aussi de la gloire des peuples d'honorer la sépulture des Princes qui les ont gouvernés, et de hâter, par des prières ferventes, leur règne éternel avec le Roi immortel des siècles, dont ils furent pour eux, sur la terre, les représentants et les images. Aussi, le Roi dont la foi si sincère s'applique à relever les ruines du sanctuaire, comme sa bonté est sans cesse occupée du bonheur de ses sujets, a-t-il regardé comme une suite de la protection et des secours de Dieu sur la France, sur sa famille et sur lui, la consolation qu'il lui donne de pouvoir rassembler en un même lieu, les restes vénérables de tant de Rois, ses prédécesseurs et ses ancêtres, que nos orages politiques avaient dispersés, après avoir renversé le trône et l'autel. Il a pensé que la dignité royale, non moins que la religion, lui faisait un devoir sacré de rendre à ces dépouilles vénérables l'honneur des sépultures, qu'une impiété sacrilége avait essayé de leur ravir, de replacer auprès d'elles cette psalmodie continuelle, dont le mérite s'élevant chaque jour, comme un encens d'agréable odeur, vers le trône du Dieu des miséricordes, attirât sur la France les plus précieuses bénédictions, lui assurât la protection de ses glorieux Apôtres, devînt pour les ames une source abondante de consolation, de lumière et de paix, et réjouît même, en quelque sorte, au fond de leurs tombeaux, les ossements humiliés de ceux dont la vertu, la puissance et la gloire furent si long-temps l'ornement de ce royaume et l'admiration de l'univers.

» Mais en satisfaisant au besoin le plus pressant de son cœur, ce pieux et bienfaisant Monarque a voulu offrir, en même temps, à la Religion, des ressources et des espérances dont la rigoureuse nécessité se fait de plus en plus sentir parmi nous. Les anciens du sacerdoce, courbés sous le poids des travaux et des ans, cherchant en vain un lieu de repos; les élèves du sanctuaire trouvant avec peine les moyens de se perpétuer pour étendre le royaume de Jésus-Christ, ont fixé sa sollicitude. Par un heureux rapprochement, sa munificence a su préparer aux uns la récompense de leurs longs services, et aux autres un encouragement à leur zèle naissant. Pour accomplir ces nobles et généreux desseins, il a plu à Sa Majesté de fonder un Chapitre royal, composé d'Evêques, pris parmi les anciens titulaires de France, d'Ecclésiastiques du second ordre, qui se seront long-temps appliqués aux fonctions du ministère et à l'administration des Diocèses, et de jeunes Clercs qui se formeront sous les yeux de tels maîtres, à la science et aux vertus de leur état, en s'exerçant au service des saints autels. Tous ensemble, ils seront chargés d'acquitter la dette de la France entière et de réparer tant de profanations commises pendant les jours de ses malheurs, d'implorer la miséricorde divine sur elle, de prier pour ses Rois, et de leur payer le tribut de sa reconnaissance au-delà même du tombeau, en offrant continuellement des prières et le sacrifice de propitiation, afin de purifier leurs ames des restes de ces fragilités inséparables de la condition humaine.

» Cependant, ce n'a pas été assez pour le Roi très-chrétien, de pourvoir à l'entretien de ce Chapitre, auquel il a confié des intérêts si chers et si sacrés ; il a voulu encore honorer les membres qui le composent et leur donner une marque particulière de son affection et de son estime ; non-seulement en leur associant les principaux personnages de sa chapelle royale, mais en les attachant et les unissant à cette chapelle, pour ne plus former qu'un seul et même corps avec le Clergé de sa Cour. C'est ainsi qu'à l'exemple de David, ce modèle des Princes, dont l'Ecriture célèbre la piété profonde, ainsi que la douceur sans bornes, notre Roi accomplit le vœu qu'avait formé son cœur de rétablir l'éclat des saintes solennités, de relever les tabernacles du Dieu de Jacob, lorsque le Seigneur l'aurait fait rentrer dans la maison de ses pères, remonter sur le trône de ses ancêtres, et lui aurait accordé la consolation de voir son peuple goûter les biens inestimables de la paix.

» Empressé de répondre à de si religieux desseins, après avoir rendu grâces à l'auteur de tous les biens, qui a donné au Roi des pensées si généreuses et si chrétiennes, après l'avoir conjuré de lui rendre au centuple le prix de sa foi et de sa charité, vu l'ordonnance du 23 décembre 1816, portant fondation d'un Chapitre royal dans l'église de l'ancienne Abbaye de Saint-Denis, qui lui assigne une dotation convenable, et nous charge de l'exécution de ladite ordonnance ; vu les autres ordonnances du 28 du même mois, portant nominations d'Evêques - Chanoines et d'Ecclésiastiques du second ordre, aussi Chanoines, tant titulaires qu'honoraires ; vu la lettre close de Sa Majesté, qui nous manifeste l'intention et la volonté que ledit Chapitre soit et demeure uni à sa Chapelle royale ; que les Ecclésiastiques qui le composent fassent partie du Clergé de sa Cour et qu'ils soient particulièrement chargés de ce qui regarde les sépultures des Rois, Princes et Princesses de France, les services et prières pour le repos de leurs ames ; nous avons érigé, constitué et établi, comme nous déclarons ériger, constituer et établir la réunion des Evêques et autres personnes du second ordre, au nombre marqué dans lesdites ordonnances, ainsi que toutes celles attachées au service de ladite réunion, en Chapitre, à l'instar des anciennes Saintes-Chapelles. Les autorisant à s'assembler capitulairement pour le bien et le service de l'Eglise et le bon ordre à établir entre eux ; faire et célébrer l'office canonial dans l'Eglise de l'ancienne Abbaye de Saint-Denis, consacrée à la sépulture des Rois de France ; selon qu'il sera déterminé par les statuts et réglements, tant de la Chapelle du Roi que dudit Chapitre royal ; nous proposant, selon les intentions de Sa Majesté, d'avoir recours au souverain Pontife, à l'effet d'obtenir toutes les concessions d'usage pour ces sortes de fondations (1); engageant et exhortant lesdits Chanoines et Ecclésiastiques à donner le plus parfait exemple des vertus chrétiennes et sacerdotales, à vivre dans l'union et agir de concert, comme il convient à des serviteurs du Dieu de charité et des disciples du même maître et Seigneur Jésus-Christ, à qui soit à jamais gloire et honneur dans les siècles des siècles. Ainsi soit-il.

» Donné à Paris, etc. etc. »

N. 8.

Ordonnance de M. de Quelen sur l'exercice de la juridiction ecclésiastique dans son Diocèse.

« HYACINTHE-LOUIS DE QUELEN, par la miséricorde divine et la grâce du saint Siége apostolique, Archevêque de Paris,

» Au Clergé et aux Fidèles de notre Diocèse, salut et bénédiction en notre Seigneur Jésus-Christ.

» Comme à la suite des malheurs de l'Eglise de France et de divers changements opérés dans le royaume, il s'est introduit plusieurs innovations contre la juridiction et le droit des Ordinaires, nous croyons qu'il est de notre devoir, dès le premier moment où la divine Providence nous a placé sur le siége de Paris, de chercher à remédier à ces abus, et de nous élever, avec toute la liberté de notre ministère, contre des entreprises qui n'intéressent pas moins l'Episcopat en général qu'un Evêque en particulier, de peur que notre silence sur cet objet ne soit re-

---

(1) D'après la note précédente, le recours à Rome aurait dû précéder l'union du Chapitre à la Grande-Aumônerie.

gardé comme une approbation ou concession tacite, et que l'on puisse en induire par la suite une possession paisible et légitimement acquise.

» A ces causes, nous appuyant sur les règles canoniques, les décrets des saints Conciles, les Bulles des souverains Pontifes publiées dans le royaume, les ordonnances de nos Rois, les décisions du Clergé de France, qui ont établi, protégé et défendu la juridiction spirituelle des Ordinaires; suivant la route qui nous a été tracée par notre vénérable prédécesseur, feu S. E. le Cardinal de Périgord, qui, par ses lettres particulières du 7 décembre 1820, à S. E. le Ministre de la maison du Roi, et des 6 et 27 juillet 1821, à S. E. le Grand-Chancelier de la Légion-d'Honneur, a réclamé contre certains envahissements sur l'autorité et la juridiction épiscopales.

» Le saint nom de Dieu invoqué, nous avons déclaré et déclarons :

» 1° Que nous ne reconnaissons actuellement et pour l'avenir, dans toute l'étendue et dans chacun des lieux de notre Diocèse et de la province ecclésiastique de Paris, d'autre juridiction diocésaine ou métropolitaine que celle qui nous appartient, en vertu de l'institution canonique qui nous a préposé au siége et à la métropole de Paris, à moins que cette juridiction ne soit clairement spécifiée par le droit, fondée sur une possession immémoriale non contestée, sur des exemptions légitimes non révoquées, sur des Bulles ou Rescrits émanés de l'autorité apostolique; et reconnus authentiques en France, et renfermée dans les bornes et limites qui lui ont été assignées.

» 2° Que nous ne pouvons reconnaître, et que nous ne reconnaissons aucune délégation, désignation ou commission de personnes ecclésiastiques pour en exercer les actes, faite en vertu des lois ou ordonnances émanées de l'autorité purement séculière, que comme une simple direction de service, présentation ou nomination laïque, ainsi qu'il est d'usage pour les nominations royales, mais qui n'entraîne nullement la faculté d'exercer une juridiction spirituelle, ou de la faire exercer, sans l'autorité nécessaire, actuelle et non présumée de l'Eglise.

» Défendons, en conséquence, à toute personne ecclésiastique, de quelque dignité qu'elle soit revêtue, sous quelque prétexte que ce soit, de quelque titre dont elle se prévale, tel que protectorat ou patronage, dans quelque lieu que ce soit de notre Diocèse, même dans les églises, chapelles et maisons royales, de faire les actes qui appartiennent à la juridiction (autres que ceux exprimés au premier article de la présente Déclaration), tels que consacrer les Evêques, ordonner les Clercs, confesser, approuver les Confesseurs ou Prédicateurs, bénir les mariages, hors la présence et sans le consentement des Pasteurs respectifs, exempter des devoirs paroissiaux et des droits curiaux, dispenser des lois de l'Eglise, régir et gouverner au spirituel les Séminaires, les fidèles de l'un et l'autre sexe, les Communautés religieuses, autres que celles qui, par leurs règles et constitutions, dûment approuvées par l'Eglise, sont en possession de s'élire canoniquement des Supérieurs ou d'en reconnaître de légitimement institués, recevoir les vœux de religion, les commuer et en dispenser, commettre un autre à sa place pour exercer cette juridiction; le tout sous les peines portées par le droit ou par les réglements, statuts et ordonnances du Diocèse, que nous renouvelons à cet effet en tant que de besoin; déclarant nul et de nul effet tout acte de juridiction qui serait en opposition à la présente

Déclaration, à moins qu'il ne soit ratifié et rendu valide par notre consentement et nos pouvoirs ; nous réservant à nous seul la connaissance de toutes les causes et difficultés qui pourraient survenir en cette matière, révoquant tout pouvoir donné à cet effet par nos Grands-Vicaires.

» Mandons et enjoignons à nos Officiaux et Promoteurs, tant diocésains que métropolitains, de veiller au maintien des présentes dispositions, et d'agir pour la partie contentieuse, suivant l'exigence des cas, d'après les règles canoniques.

» Sera notre présente Déclaration communiquée à nos vénérables frères les Chanoines de notre Métropole, en assemblée de Chapitre, transcrite sur les registres capitulaires et sur ceux du Secretariat de notre Archevêché, notifiée à tous ceux à qui il appartiendra, et publiée partout où besoin sera.

» Donné à Paris, dans notre palais archiépiscopal, sous notre seing, le sceau de nos armes, et le contre-seing du Secrétaire de l'Archevêché, le dix décembre mil huit cent vingt-et-un.

» *Signé* † HYACINTHE, *Archevêque de Paris.* »

N. 9.

Lettre de M. de Quelen au Grand-Aumônier.

La lutte durait encore lorsque l'Archevêque de Paris écrivit au Grand-Aumônier, le 19 novembre 1823, une lettre dans laquelle il portait le défi que l'on trouvât dans les anciennes attributions de l'Evêque de la Cour aucun privilége comparable aux prétentions du prince de Croï sur le Chapitre de Saint-Denis et sur les maisons de la Légion-d'Honneur. La consécration de ces mêmes prétentions par le Pape et la sanction qu'on va en demander aux Chambres rendent cette lettre précieuse et très-instructive.

« L'entrevue que je desirais avec vous, disait M. de Quelen au Grand-Aumônier, avait pour but de vous expliquer les motifs de ma nouvelle réclamation, de vous montrer que, d'après mes principes en matière de juridiction, je devais procéder de la manière que je l'ai fait, et enfin de chercher à vous exposer le véritable point de vue sous lequel j'envisage l'affaire qui nous occupe.

» Nous sommes presque d'accord, Monseigneur; nous le serons tout-à-fait en un moment, si vous le voulez : Vous avez établi le principe dans votre lettre du 14 de ce mois, dont je ne veux pas me plaindre à cause du moyen de conciliation qu'elle offre ; il n'y a plus qu'à tirer de bonne foi les conséquences.

» *On vous reconnaît*, dites-vous, *dans toute la France et dans l'univers catholique, comme le successeur de M. le cardinal de Montmorency* Eh! Monseigneur, je ne dis pas le contraire ; je n'ai cessé de demander que vous le fussiez ; je l'avoue avec tout le monde, et c'est précisément là l'objet de mes vœux comme de ma réclamation ; que vous soyez et que vous soyez long-temps Grand-Aumônier de France, comme l'était M. le cardinal de Montmorency ; que comme lui vous *bénissiez devant le propre prêtre, le Curé de la paroisse*, les unions royales, que vous *baptisiez* de même *les augustes enfants* qui en naîtront; que vous remplissiez comme lui toutes ces fonctions qu'un zélé serviteur du Roi, et qu'un sujet fidèle doit être si jaloux de n'abandonner à personne; que vous jouissiez de toutes les hautes prérogatives, de tous les priviléges, de tous les honneurs *qui appartenaient en France à votre charge* avant la

Révolution et qui lui appartenaient sans trouble ; que même vous usiez de ceux qui vous étaient autrefois contestés par le Clergé de France, en permettant seulement une réserve qui sauve tous les droits douteux ; qu'enfin vous soyez revêtu encore d'une confiance plus étendue par la reunion sur votre personne de nouvelles attributions temporelles, ou qu'il appartient à la puissance temporelle de vous donner, j'y applaudirai le premier, et s'il était nécessaire, vous me verriez tout prêt à soutenir et à défendre vos droits.

» Mais que vous prétendiez que la Révolution ou l'Empire, ou même la Restauration aient pu rien distraire de la juridiction spirituelle des Evêques pour vous le confier ; que de simples ordonnances aient pu vous faire le pasteur d'une portion de mon Diocèse, *sans l'intervention formelle, expresse, claire, non présumée de l'Eglise*, intervention établie non par voie de conséquence que chacun peut déduire suivant son opinion ou le système qu'il s'est fait, mais par des *titres authentiques* et hors des atteintes du doute et de l'incertitude, comme il est de règle rigoureuse en matière de loi d'exception et d'exemption ; c'est, Monseigneur, ce que je ne puis croire, et c'est ce que M. le cardinal de Montmorency, ni aucun des Grands Aumôniers vos prédécesseurs n'ont prétendu ou du moins n'ont pu raisonnablement prétendre. Montrez moi le cardinal de Montmorency dirigeant au *spirituel* la maison royale d'éducation de Saint-Cyr, qui a le plus de ressemblance avec les maisons royales d'éducation de la Légion-d'Honneur, et qui relevait de l'Evêque de Chartres diocésain ? Montrez-moi le cardinal de Montmorency donnant des pouvoirs *spirituels* aux Aumôniers de régiment qui étaient approuvés autrefois par leurs Evêques respectifs ; se disant le

Supérieur *spirituel* des écoles militaires qui dépendaient au *spirituel* des Ordinaires, lorsqu'elles n'étaient pas dirigées par des Congrégations exemptes (1)? Montrez-moi le cardinal de Montmorency se faisant et se disant non le *Chef* et le *Primicier*, mais l'*Evêque* d'une Congrégation de Prêtres sous le titre de Chapitre royal sans aucune institution canonique et les gouvernant au spirituel comme le ferait un *Evêque*? Montrez-moi le cardinal de Montmorency se permettant de donner, sous les yeux de l'Archevêque, sans l'autorisation et contre la volonté formelle du Curé de la paroisse, la permission de faire la première Communion dans une chapelle particulière de Paris? Montrez-moi le cardinal de Montmorency se créant même un langage inconnu dans notre droit canonique, prenant le titre d'*Evêque de l'armée*, et donnant à sa *charge* le titre de *Diocèse*? De bonne foi, Monseigneur, est-ce être le successeur de M. le cardinal de Montmorency que de passer ainsi des bornes dont jamais il n'avait seulement eu la pensée d'approcher?

» Quant au Cardinal de Périgord, vous connaissez ses propres réclamations, vous connaissez ses lettres ; vous savez, comme moi, que dans aucun des cas précités, malgré les ordonnances du Roi, et l'interprétation forcée du Concile de Trente, il n'a jamais cru pouvoir agir sans le con-

(1) Si la Bulle du 5 avril 1843 ne contient pas des priviléges semblables, on ne tardera probablement pas à les solliciter; notre conviction est que bientôt on fera du Primicier un Grand-Aumônier, et qu'on voudra lui concéder le droit de nommer les Aumôniers de la marine, de l'armée, des hôpitaux militaires, et peut-être des colléges royaux. C'est un moyen infaillible d'avoir pour ces établissements la partie la moins régulière et la moins honorable du Clergé de France.

cours *exprès* et quelquefois la *concession formelle* de l'autorité diocésaine ; et si mon témoignage pouvait être encore de quelque poids auprès de vous, j'ajouterais qu'il m'a souvent répété que cette autorité était la seule qui présentât *de la certitude*, et qui lui donnât *de la sécurité.*

» *Vous êtes le successeur des Grands-Aumôniers de France :* mais suis-je donc pour cela un inconnu dans l'Eglise de Dieu? n'ai-je pas aussi une succession de Pontifes qui remonte plus haut que la monarchie elle-même, et par conséquent que votre charge? N'est-ce pas un devoir pour moi de conserver intact et de transmettre à ceux qui viendront après moi le dépôt des pouvoirs qui m'ont été laissés, comme celui de la foi? Et pourquoi, Monseigneur, voulez-vous que je convienne devant vous que la *tolérance* que j'ai gardée jusqu'à présent, après vous avoir cependant averti plusieurs fois, après avoir reçu votre parole en particulier et devant témoins, que vous me présenteriez des titres valables au bout de quelques mois, après que vous n'avez pas gardé vous-même des conditions que vous vous étiez imposées, et que, bien plus, vous avez passé outre jusqu'à supprimer mon nom dans les prières publiques et dans la liturgie sacrée, etc. etc.; pourquoi voulez-vous, dis-je, que je convienne que cette *tolérance* qui m'a porté, pour le bien de la paix, à vous laisser pendant quelque temps paraître exercer une supériorité spirituelle, n'est qu'un contrat synallagmatique, et que je la regarde comme une *transaction* qui nous obligeait l'un et l'autre *sur la foi de la Religion et de l'honneur*, à choisir un arbitre? Non, Monseigneur, ce n'est point une *transaction*, c'est une *véritable concession :* et c'eût été une transaction, qu'elle a cessé du moment que, fatigué d'entreprises toujours nouvelles, je vous ai fait connaître non-seulement sur le point d'agir, mais plusieurs mois à l'avance, par une personne honorée de votre confiance, que j'étais résolu de reprendre le plein et entier exercice de ma juridiction. Les démarches que je sais que vous avez faites et que vous avez réitérées il n'y a pas long-temps pour obtenir de Rome une Bulle d'exemption, sont une preuve que vous vous regardiez comme bien prévenu. Quelle justice donc, Monseigneur, de vouloir qu'un Evêque assuré de sa juridiction passe ou seulement paraisse passer dans une cause semblable à celle-ci, de l'état de certitude à celui du doute, et trahisse ainsi les devoirs que lui impose l'Episcopat, par une condescendance qu'il vous plaît d'appeler de *la délicatesse?*

» Concevez-le bien, je vous prie, dans cette question purement *spirituelle*, tout est douteux de votre côté; du mien, il n'y a pas l'ombre du doute. Les Prêtres que vous envoyez n'osent agir avec vos seuls pouvoirs ; les fidèles, à moins qu'on ne leur déguise la vérité, trembleraient d'user du ministère de tels envoyés; vous-même, malgré les interprétations que vous essayez de donner aux ordonnances et à un passage du Concile de Trente, trop peu précis pour vous dans cette circonstance, vous vous croyez si peu autorisé à exercer par vous seul la juridiction spirituelle, que vous réclamez le secours de l'autorité supérieure dont je n'ai nul besoin, parce qu'elle m'a déjà tout donné par mon institution canonique, et vous ne pensez probablement pas que le recours au bras séculier suffise pour assurer la validité de vos actes ; tandis que moi, quelque rapport qu'on ait pu vous faire, je ne cause aucun trouble ni aucune inquiétude dans les consciences : or, en fait de juridiction, le moindre doute n'établit-il pas déjà l'autorité de l'Ordinaire? Je combats pour vous, contre vous, Monseigneur, et dans cette lutte qui ne m'est point personnelle, je ne puis céder qu'à la voix claire et précise de l'Eglise. Personne ne croira que les prérogatives et les intérêts de la Couronne y soient compromis. Jusque-là, Monseigneur, je renferme toute ma défense dans ce dilemme, et par lui je justifie et je règle toute ma conduite. Ou je suis, comme Archevêque, le supérieur *spirituel*, ou je ne le suis pas : si je le suis, pourquoi s'opposer au libre exercice de ma juridiction? pourquoi le lier et le restreindre à signer une feuille de pouvoirs dont je ne puis ni surveiller, ni diriger, ni examiner l'usage? Si je ne le suis pas, je n'ai pas de voie coactive : je me retire emportant avec moi des pouvoirs qu'aucune ordonnance ni aucun canon ne m'oblige de communiquer à ceux qui ne veulent pas reconnaître ma surveillance, mon examen, ma direction, ma visite. S'il y a des Prêtres assez hardis pour procéder sans moi dans mon Diocèse, en matière purement spirituelle, je regarde leurs *actes* comme *nuls*, et leurs *personnes* comme encourant l'*irrégularité*; c'est à leur conscience que j'en appelle. Encore une fois, je ne vois pas comment *les prérogatives et les intérêts de la Couronne sont en cela menacés*.

» Toutefois, vous le voyez, Monseigneur, je n'ai pas voulu embrasser en même temps tous les objets sur lesquels j'ai à exercer des réclamations et des reprises, j'ai attendu l'occasion, sans la faire naître comme il m'eût été facile; et vous pourriez me savoir quelque gré de ce ménagement : une visite canonique, que personne dans aucun cas ne peut me disputer, m'offrait un moyen aussi légitime dans la forme qu'il l'est dans le fond. Est-ce ma faute, si l'on a abusé de ce moyen pour faire un scandale et pour m'insulter *inter solemnia*, après l'avoir fait auparavant par un écrit que vous connaissez et que vous avouez?

» Enfin, Monseigneur, je ne vous conteste pas dans la maison royale d'éducation de la rue Barbette (qui, pour le dire en passant, n'est pas même à proprement parler une maison royale dans le sens de l'exception que l'on voudrait invoquer, puisqu'elle n'est pas de dotation royale), je ne vous y conteste pas un droit d'inspection, de protection, de visite, de surveillance légale que les ordonnances peuvent vous avoir donné; mais je réclame pour moi le droit de supériorité, de juridiction, d'autorité *spirituelle* et canonique qui m'appartient comme Ordinaire, et dont aucune exemption valable ne m'a dépouillé. Venez-y, Monseigneur, continuez à y venir de la part du Roi : vous y recevrez tous les honneurs dus à votre charge ainsi qu'à votre personne, votre nom n'y sera prononcé qu'avec respect et avec un sentiment plus doux encore. Moi-même je me ferai un devoir et un honneur de vous y rendre publiquement tout ce que je vous dois; on vous y nommera, comme on l'a déjà fait par mon ordre, dans les prières publiques, après le Roi et son auguste famille : en un mot, vous en serez toujours le protecteur et l'ami; laissez-moi en être l'Evêque et le Pasteur.

» J'ai l'honneur d'être avec une respectueuse considération.

» *Signé* HYACINTHE, *Archev. de Paris.* »

N. 10.

Projet de Statuts communiqué à l'Archevêque de Paris le 26 avril 1842.

Article 1er.

Il sera établi dans la basilique de Saint-Denis un Chapitre sous le titre de Chapitre royal de Saint-Denis.

Article II.

Le Chapitre sera composé : 1° de. . . . Chanoines-Evêques; 2° de. . . . Chanoines du second ordre, dont quatre dignitaires.

Le Chapitre aura pour chef un Primicier pris parmi les Chanoines-Evêques.

Article III.

Le Primicier, les Chanoines-Evêques, les Dignitaires et Chanoines du second ordre seront nommés par le Roi.

Article IV.

L'institution canonique sera donnée par le Saint-Père et par ses Successeurs au Primicier et aux Chanoines-Evêques, nommés par le Roi.

La faculté de donner la même institution aux Chanoines du second ordre est à perpétuité concédée au Primicier.

Article V.

L'église royale de Saint Denis, son Chapitre, la maison royale de la Légion-d'Honneur, ainsi que les succursales de cette maison, et toutes les personnes attachées au service, soit de l'église, soit du Chapitre, soit de l'Institution royale de la Légion-d'Honneur et de ses succursales, demeureront exempts de la juridiction spirituelle tant ordinaire que déléguée de l'Archevêque de Paris.

Article VI.

Le Primicier du Chapitre sera chargé d'exercer à perpétuité, au nom du souverain Pontife et du

Saint-Siége Apostolique, la juridiction spirituelle sur l'église, sur le Chapitre, sur les Capitulaires, et sur les individus employés au service de l'église, du Chapitre et des établissements en dépendant, ce privilége étant annexé à sa dignité primicériale.

Article VII.

Le Primicier pourra célébrer les offices pontificaux, en faisant usage de la crosse épiscopale et des autres attributs de la dignité d'Evêque, dans l'église de Saint-Denis, et dans la chapelle annexe de l'Institution royale de la Légion-d'Honneur et de ses succursales.

Article VIII.

Le Primicier aura le pouvoir de concéder aux Prêtres faisant partie intégrante du Chapitre, l'autorisation de confesser dans l'intérieur de l'église et de ses annexes, les fidèles de l'un et de l'autre sexe.

Article IX.

Le Primicier fera, avec tous les attributs de l'autorité apostolique, la visite de l'église de Saint-Denis, comprenant tout ce qui appartient à la sacristie, et celle des annexes de l'eglise royale.

Article X.

Durant la vacance du Primicériat, l'administration provisoire appartiendra à deux Vicaires-Capitulaires choisis par tout le Chapitre ; et ils ne pourront entrer en fonctions qu'après l'approbation donnée par le Roi à leur nomination.

N. 11.

Arguments contre l'exemption, présentés par l'Archevêque de Paris, le 10 mai 1842.

Quand il s'agit de juger une mesure qui n'est pas nouvelle, il est impossible de ne pas tenir compte d'une expérience ancienne, générale, et qui a eu pour résultat une prohibition absolue.

C'est par ce motif que nous croyons devoir indiquer rapidement l'origine et les effets des anciennes exemptions; le jugement qu'en ont porté les Conciles, le Clergé de France, les anciens Parlements; l'opposition de ces corps à en laisser établir de nouvelles, ainsi que leur persévérance à diminuer les anciennes; enfin leur abolition par le Concordat et par nos lois civiles.

Après cet examen rapide, nous discuterons les inconvénients particuliers des priviléges réclamés en faveur du Chapitre de Saint-Denis, et nous pourrons juger plus facilement si, dans les circonstances actuelles, une exemption doit être accueillie avec plus de faveur qu'elle ne l'a été dans les deux siècles qui ont précédé la révolution de 1789.

§ Ier.

Anciennes exemptions.

Les exemptions des Chapitres leur furent accordées à l'imitation de celles qu'avaient obtenues les monastères. Celles-ci sont donc plus anciennes, et elles eurent aussi une origine plus respectable. En assigner l'époque précise, serait une tâche aussi inutile que difficile; la seule chose certaine, c'est qu'elles eurent d'abord pour motif de soustraire le temporel des monastères aux dilapidations si communes dans le moyen âge. Les exemptions de la juridiction épiscopale vinrent beaucoup plus tard; à peine établies, elles devinrent une source d'abus : au commencement du douzième siècle, elles engendrèrent des divisions et des scandales qu'elles ne cessèrent de produire dans les siècles suivants. Saint Bernard et Pierre de Blois, les deux grands hommes de cette époque, en parlent comme d'une institution tout à la fois récente et intolérable.

Il est vraisemblable que les exemptions des Chapitres ne commencèrent qu'au treizième siècle ; c'est l'opinion du savant Van Espen, qui, d'accord avec le célèbre avocat-général Talon, leur assigne deux causes fort peu honorables. La première était les engagements imposés par les Chanoines aux Evêques, avant de procéder à leur élection, et acceptés par ceux-ci, dans l'espoir de se rendre les votes favorables; la deuxième, dit Talon, était le désir d'augmenter leur revenu temporel, en abandonnant quelques-unes des prérogatives spirituelles de leurs sièges ; mais l'accroissement de ces priviléges abusifs dépassa toutes les bornes, au dire des historiens et de tous les canonistes, pendant le grand schisme d'Occident, c'est-à-dire dans la période de temps la plus malheureuse pour l'Eglise, et l'une des plus désastreuses pour l'Europe.

Veut-on maintenant se faire une idée des effets produits par les exemptions? Nous les trouvons attaquées dans tous les Conciles ; elles excitent des plaintes au sein de celui de Vienne, où le Pape Clément V leur fait subir une première réforme (1).

Martin V les supprime presque toutes, sur les réclamations du Concile de Constance, *parce que*, dit-il, *elles ont porté un grave préjudice à l'autorité de l'Ordinaire* (2). Mais ce serait avoir une trop faible idée des abus qu'elles suscitèrent, que de s'arrêter à interroger les actes de deux Conciles qui suivirent pourtant de si près l'établisse-

---

(1) *Mémoires du Clergé*, tom. VI, col. 94.
(2) Conc. de Const. sess. 43. *Collection des Conciles*, t. XII, col. 254.

ment de ces priviléges. Il faut ouvrir le corps du droit canon, y lire une multitude de décrétales, ayant toutes pour objet de terminer les débats que faisaient naître les exemptions (1). On dirait

(1) Cæterùm quàm frequentes fuerint circà has exemptiones excessus, quotque excitatæ quæstiones seculo XIII et sequentibus, probant omnia illa tum conciliorum decreta, tum Pontificum Romanorum decretales corpori canonico inserta; quibus et quæstiones resolvuntur, necnon regulæ quædam statuuntur, quibus abusibus obviam eatur, et exemptionibus hisce limites figantur. — (Van Espen, tom. II, pag. 421, part. III, tit. XII, n. 49.)

On peut en juger par les plaintes des Evêques réunis par Paul III, d'après les pressantes sollicitations du Concile de Trente, pour recueillir et signaler les abus à réformer. — Præclarus ille Prælatorum conventus à Paulo III, instante Conc. Tridentino inductus ad colligendos abusus in hoc concilio reformandos, abusum harum exemptionum minimè dissimulavit : sed verbis, quæ atrocitatem ejus significabant, Pontifici exposuit :
« Alius abusus magnus, et minimè tolerandus, quo uni-
» versus populus christianus scandalizatus est ex impe-
» dimentis quæ inferuntur episcopis in gubernatione
» suarum ovium, maximè in puniendis scelestis et cor-
» rigendis. Nam primò, multis viis eximunt se homines
» mali, præsertim Clerici, à jurisdictione sui Ordinarii.
» Deindè, *si sunt exempti*, confugiunt statim ad Pœ-
» nitentiariam, vel ad Datariam, ubi confestim inve-
» niunt viam impunitati, et quod pejus est, ob pecu-
» niam præstitam : hoc scandalum, Beatissime Pater,
» tantoperè conturbat christianum populum, ut non
» queat verbis explicari. Tollantur, obtestamur Sancti-
» tatem Tuam, per sanguinem Christi, quo redemit sibi
» Ecclesiam suam, eamque lavit eodem sanguine; tol-
» lantur hæ maculæ, quibus si daretur quispiam aditus
» in quacumque hominum republica aut regno, confes-
» tim aut paulò post in præceps rueret, nulloque pacto
» diutius constare posset : et tamen putamus nobis licere,
» ut per nos in christianam rempublicam inducantur

que le Saint-Siége n'avait pas autre chose à faire, à cette époque, que de les apaiser. Que serait-ce, s'il nous était possible de consulter les Annales de chaque Diocèse et celles des divers Parlements du Royaume? On y verrait une des causes les plus efficaces du relâchement de la discipline dans le Clergé, de l'affaiblissement de la foi et de la piété parmi les fidèles, témoins de cette foule de scandaleuses dissensions. Le mal était au comble, lorsque le Concile de Trente essaya d'y apporter un nouveau remède. Il y fut décidé qu'il n'y avait pas de coutume, de sentence, de concordat, de privilége accordé sous le sceau du serment qui pussent soustraire les exempts à la visite et à la correction de l'Ordinaire (1). Le même Concile prescrit à l'autorité ecclésiastique de réformer les abus par tous les moyens prévus par le droit (2). Cette règle fut

---

» hæc monstra. » (Van Espen, t. II, pag. 427, part. III, tit. xii, cap. vi, n. 2.)

Les Evêques et les Princes d'Allemagne proposèrent dans le même Concile la révocation de toutes les exemptions. Les Evêques d'Espagne formèrent la même demande.

(1) Capitula cathedralium et aliarum majorum ecclesiarum illorumque personæ, nullis exemptionibus, consuetudinibus, sententiis, juramentis, concordiis, quæ tantum suos obligent auctores, non etiam successores, tueri se possint, quominus à suis episcopis et aliis majoribus prælatis, per seipsos solos, vel illis quibus sibi videbitur adjunctis, juxtà Canonicas sanctiones, toties quoties opus fuerit, visitari, corrigi, et emendari etiam auctoritate apostolicâ possint et valeant. (Conc. Trid. Sess. 6, cap. 4, *de Refor.*)

(2) Sess. vii, chap. viii, *De Refor.* Locorum Ordinarii ecclesias quascumque, quomodolibet exemptas, auctoritate apostolica, *singulis annis visitare teneantur*; et opportunis juris remediis providere, ut quæ re-

adoptée par le Clergé de France et par la jurisprudence du Royaume, sans qu'elle pût, toutefois, empêcher une multitude de conflits et de procès.

Le Clergé de France, en demandant la publication du Concile de Trente, y avait mis d'abord cette restriction, *sans préjudice des priviléges et exemptions des Chapitres et autres Communautés exemptes.* Le motif en est expliqué dans les actes du Concile de Reims, tenu en 1564. La publication du décret sur les exemptions ayant été réclamée dans la session dix-huitième, le Cardinal de Lorraine répondit (1) qu'il le désirait vivement, mais qu'il fallait avoir égard à la difficulté de vaincre l'obstination des exempts, et leur permettre de rejeter, encore quelque temps, le droit commun.

Le Concile de Rouen, de 1581, attribue aux exemptions l'impossibilité de rétablir la discipline et de corriger les abus (2). Il se plaint que le grand nombre des Chapitres et leur puissance, empêchait de réduire les exemptions aux limites

---

paratione indigent, reparentur; *et curâ animarum si qua illis immineat aliisque debitis auxiliis minimè defraudentur, appellationibus, privilegiis, consuetudinibus etiam immemorabili tempore præscriptis, judicum deputationibus, et illorum inhibitionibus penitùs exclusis.*

(1) Se quidem magnoperè cupere ut id fiat, sed propter duritiam cordis libellum repudii aliquandiù esse permittendum. Tom. XV de la *Collect. des Conc.* Labbe, *p.* 104.

(2) Propter exemptiones Capitulorum, non potest restitui Ecclesiastica disciplina, nec emendari ullus abusus ecclesiarum cathedralium. Exemptiones verò nequeunt ad moderationem Concilii Tridentini reduci, propter Capitulorum resistentium multitudinem eorumdemque potentiam.

assignées par le Concile de Trente. Le Concile de Tours fut p'us hardi (1583), puisqu'il prescrivit la réforme (1). Son décret, qui ne fait que reproduire les dispositions contenues dans ceux du Concile de Trente, a formé depuis une règle invariable pour toutes les Eglises du Royaume. Mais ce qu'il est important de remarquer ici, c'est 1° que, en considérant, soit la tolérance, soit la sévérité de ces Conciles, on y trouve également la preuve des abus produits par les exemptions; 2° que le Chapitre de Saint-Denis a obtenu, par la Bulle du 5 avril 1843, une exemption beaucoup plus étendue que ne l'étaient les anciennes, depuis qu'elles avaient été modérées par le Concile de Trente. Ce Concile, conforme sur ce point à nos usages les plus constants, autorisa la visite canonique et la correction des exempts, nonobstant tout privilége, quel qu'en soit le titre. Ce double droit serait enlevé à l'Archevêque de Paris.

Le Concile de Constance, en supprimant toutes les exemptions accordées pendant le schisme, avait décidé que désormais il n'en serait établi aucune, si elle n'était utile à l'Eglise. Cette utilité fut si difficile à établir, que les actes du

---

(1) Ne autem defectus et excessus prædicti, aliaque crimina, quæ per Ecclesiasticos, prætextu exemptionum, per nonnulla capitula prætensarum, in multarum animarum periculum impunita remaneant... Statuimus ut quibuscumque juribus, exemptionibus, immunitatibus et privilegiis non obstantibus, ab episcopis ex auctoritate quam œcumenicorum Conciliorum canones illis concedunt, contra delinquentes procedatur, servata ea forma quæ in jisdem Conciliis præscribitur, quoties contra regulares exemptos aut aliquem de Capitulis, ipsis episcopis penitus non subjectis, fuerit procedendum. (*Mém. du Clergé*, tom. VI, col. 1099.)

Clergé de France ne laissent pas de trace de la concession de quelqu'un de ces priviléges, depuis la tenue du Concile de Trente. Cés mêmes actes fournissent des preuves nombreuses de l'opposition des Parlements à ce genre de privilége. Elle fut portée au point que, dès l'année 1565, un avocat-général voulait requérir que toutes les exemptions fussent déclarées abusives, et par suite abrogées (1). La doctrine des cours de justice se trouve admirablement résumée dans un plaidoyer de l'avocat-général Talon. « Les exemptions (des Chapitres) sont contraires, » dit-il, aux droits des Conciles, auxquels on ne » peut déroger que pour une extrême nécessité, » et pour l'utilité de l'Eglise universelle. Quel » avantage reçoit-elle des priviléges? N'est-ce » pas, au contraire, par là que l'ordre de la hiérarchie est renversé?... Rien est-il plus capable d'anéantir la discipline et de former des » conflits de juridiction, que d'établir deux puis- » sances égales, indépendantes, dans un même » Diocèse, en permettant au Chapitre de se pour- » voir directement à Rome, pour demander des » juges, ce qui serait d'une longueur infinie et » d'une conséquence dangereuse, entièrement » contraire à nos mœurs, aux usages et libertés » de l'Eglise gallicane?... Si ces exemptions pou- » vaient avoir quelque cause légitime, ce se- » raient les mauvais traitements exercés par les » Evêques sur les Chanoines... Mais... on peut » douter si ce motif est juste... si un Evêque » abuse de son ministère... il peut être déposé » ou suspendu dans un Concile, ou, si l'on n'en » veut pas venir à ces remèdes extrêmes, on peut » bien, sans dissoudre le lien de l'obéissance, af-

(1) *Mém. du Clergé*, tom. VI, col. 1099.

» franchir pour un temps de la puissance de l'E-
» vêque, les Clercs... qui souffrent de la vexa-
» tion. Mais, en ce cas, ils doivent être soumis
» à l'autorité du Métropolitain ou d'un autre
» Evêque de la province, et non pas s'agréger au
» Diocèse de Rome, et reconnaître le Pape pour
» Supérieur immédiat.

» Ces exemptions, qui ont pour fondement les
» vices personnels d'un mauvais administrateur,
» ne doivent pas être perpétuelles, ni faire pré-
» judice au Successeur, ni au siége épiscopal... »

Talon donnait des conclusions contre un Chapitre exempt qui prétendait se soustraire, en
vertu de son exemption, à la correction de l'Ordinaire. Ses conclusions furent adoptées par le
Parlement de Paris, qui porta une multitude
d'arrêts dans le même sens. Sa jurisprudence,
sur ce point, était conforme à celle de l'Eglise
de France, et l'une et l'autre à la réforme portée
par le Concile de Trente.

Ce qui suit est très-remarquable et mérite une
attention particulière.

« L'on a voulu insinuer, continue Talon, que
» les exemptions peuvent être utiles à l'Etat et
» servir de contrepoids à l'autorité des Evêques,
» qui peut devenir formidable par l'empire qu'ils
» exercent sur les consciences; cette considéra-
» tion humaine doit-elle prévaloir à la parole de
» Dieu qui a donné la supériorité aux Evêques?
» Peut-elle déroger aux Décrets des Conciles gé-
» néraux qui leur ont confirmé la même puis-
» sance, et ce remède n'est-il pas plus dangereux
» que le mal même? Ce n'est pas blâmer la puis-
» sance, c'est l'ôter; ce n'est pas la modérer,
» c'est la détruire. »

L'avocat-général indique ensuite, comme un
remède aux abus de la puissance épiscopale,

l'application des lois du Royaume et l'autorité des Parlements. Inutile de faire remarquer que cette puissance, réduite comme elle l'est aujourd'hui, serait plus fortement contenue qu'elle ne l'était autrefois, par nos mœurs, par l'esprit général de notre législation et par la liberté de la presse.

L'avocat-général continue à montrer que ces priviléges, inutiles pour contenir les Evêques, sont d'ordinaire funestes à ceux qui les obtiennent. « En effet, dit-il, cette indépendance pour
» laquelle les Chapitres combattent avec tant
» d'ardeur, énerve la discipline, et produit la li-
» cence et le relâchement des mœurs, comme
» une suite nécessaire de l'impunité. De là vient
» que quelque abus dont on se rende coupable,
» il n'y a personne qui ose entreprendre quel-
» quefois d'en faire des plaintes; par un excès
» d'indulgence, on excuse la faute en disant :
» *Frater noster est*; on les élude par des remises,
» et si l'on ne peut entièrement les étouffer, l'on
» nomme des Commissaires favorables à l'accusé.
» Car, quoique les Chapitres aient des officiaux,
» ce n'est que pour connaître des fautes qui se
» commettent par les Chapelains et les autres
» Ecclésiastiques dépendants de leur juridiction;
» mais ils ne souffrent pas qu'ils informent
» contre un Chanoine, et en un mot, à peine
» depuis un siècle trouve-t-on un exemple qu'un
» Chanoine exempt ait été condamné dans la ju-
» ridiction du Chapitre (1). »

On vient d'entendre l'organe d'un corps qui fut constamment moins favorable à l'Episcopat qu'au Clergé du second ordre. Mais ici, les faits parlaient trop haut, l'intérêt de l'Eglise était trop

---

(1) *Mém. du Clergé*, VI, col. 488 et suiv.

manifeste, les décisions des Conciles trop claires et trop bien justifiées, pour qu'aucune hésitation fût possible. Qu'il nous soit permis d'ajouter que, malgré la disparution de ces priviléges abusifs, depuis un demi-siècle, il existe néanmoins encore des témoins qui, au besoin, pourraient attester que le scandale des procès et des conflits ne cessa que par la destruction de la cause qui les avait produits. Le droit incontestable des Evêques de juger et de corriger les Chanoines délinquants fut toujours difficilement exercé sur les Corps exempts, jusqu'au moment où la Révolution de 1789 les emporta ainsi que leurs priviléges.

Le souvenir des abus, suite de cet abandon du droit commun, était encore tout vivant, lorsque la loi du 18 germinal an x fut rédigée. Il fallait qu'il fût bien défavorable aux Chapitres, pour décider le législateur à une prohibition absolue (1).

En effet, en vertu de l'article 1er de cette même loi, le Gouvernement pouvait refuser d'enregistrer toute concession de priviléges émanés du Saint-Siége; toutes les anciennes exemptions venaient d'être abolies par le Concordat de 1801 (2). Il lui était facile de prévoir que les

---

(1) La loi du 18 germinal an x porte, article ix : « Le culte catholique sera exercé sous la direction des Archevêques et Evêques dans leurs Diocèses, et sous celle des Curés dans leurs paroisses. »

ARTICLE X. « Tout privilége portant exemption, ou attribution de la juridiction épiscopale, est aboli. »

(2) *Nous declarons*, dit le souverain Pontife, dans sa bulle publiée le 29 novembre 1801 (tertio calendas decembris), pour régler la nouvelle circonscription des Diocèses, *Nous déclarons annuler, supprimer et éteindre à perpétuité tout l'état présent des églises*

Évêques, si intéressés à en repousser de nouvelles, mettraient à leur établissement une opposition invincible. Les mœurs formées par la Révolution, toutes ses lois empreintes de la haine du privilége, semblaient encore éloigner jusqu'à la pensée de le faire rentrer dans l'Eglise. Toutes ces garanties ne lui suffisent pas. Il déclare que tout privilége est désormais aboli, à peu près comme il déclare plus tard, dans la charte, l'abolition de la confiscation. Outre cette puissante considération, qu'on veuille bien peser celle qui suit.

Nous n'ignorons pas que toujours le Saint-Siége, sans se dissimuler les graves inconvénients des exemptions, leur a été néanmoins plus favorable que les Conciles, que les Evêques dispersés, que les théologiens et les canonistes, et que les gouvernements temporels. En butte, depuis le XVIe siècle, à des attaques violentes sur tous les points de l'Europe, effrayé par tant de schismes et d'hérésies qui se succédaient rapidement, et séparaient des royaumes entiers de l'unité catholique, il était naturel qu'à tant d'ennemis, il opposât partout des défenseurs dévoués. Or, pour stimuler et conserver leur zèle, il ne trouva rien de mieux que les exemptions (1).

archiépiscopales et épiscopales... avec leurs Chapitres, droits, priviléges et prérogatives, de quelque nature qu'ils soient.

(1) Outre les faits nombreux que nous pourrions citer à l'appui de cette assertion, nous avons l'aveu du Cardinal Pallavicini, qui, dans son *Histoire du Concile de Trente* (lib. XII, c. XIII, n° 8), s'exprime en ces termes : « Haud equidem inficior unum ex emo-
» lumentis quæ regularium immunitas secum fert, in eo
» situm quod auctoritatem Sedis Apostolicæ sustineat,
» secundum institutionem Christi et Ecclesiæ bonum :

Par la même raison, il sera toujours facile à les accorder.

Mais, si le Saint-Siége est mû par un tel motif, les Evêques, qui sentent d'ailleurs dans leur cœur autant de dévouement pour l'unité catholique, et la primauté de la chaire de Pierre, que peuvent en avoir des Prêtres ou des moines privilégiés, ont aussi leurs raisons pour veiller sur d'autres intérêts. Lorsque, d'une part, ils sont assurés que les droits du Pape ne sont exposés à aucun danger, et que, de l'autre, ils voient la discipline, la subordination, le bon ordre menacés, c'est un devoir pour eux de réclamer, de protester, d'employer tous les moyens qui sont en leur pouvoir contre les exemptions, qui ont toujours si mal réussi. Le Clergé de France n'a jamais manqué à ce devoir, et ses annales attestent avec quelle énergie il sut réprimer les prétentions exorbitantes de certains Ordres religieux, lesquels empiétaient sur ses droits et sur ceux des Curés. Toutefois il est à remarquer que les Papes avaient, pour favoriser ces corps, deux motifs qui n'existent pas pour les Chapitres. Le premier, c'est que la multitude de leurs établissements sur le territoire de diverses circonscriptions politiques ou religieuses, exigeait une certaine indépendance de l'autorité épiscopale, pour ne pas détruire l'unité de direction donnée par un Supé-

---

» cùm in comperto sit omne monarchiæ regimen quo
» se illæsum tueatur opus habere in singulis provinciis
» aliquo præval do præsidio ejusmodi subditorum.
» qui Principi per se ac perpetuó illic dominanti nequaquàm subjiciantur. »

Ces paroles d'un des défenseurs les plus dévoués du Saint-Siége, nous expliquent la plupart des privilèges accordés aux Religieux, surtout à ceux connus sous le nom de *Mendiants*, et aux Chapitres.

rieur général, unité d'ailleurs si nécessaire au succès de leur ministère (1).

Le deuxième motif est que ces Ordres formaient une milice active, zélée, qui supportait partout le poids et les fatigues du ministère, ou qui était toujours armée pour soutenir, par de savantes controverses, les droits de l'Eglise, ou même les opinions les plus favorables à la puissance illimitée du Saint-Siége.

Mais, tel est le vice radical inhérent aux exemptions, qu'elles finirent par être funestes aux souverains Pontifes eux-mêmes. Lorsque la constitution civile du Clergé vint désoler l'Eglise de France, et la séparer d'avec le centre du catholicisme, elle trouva plus de partisans parmi les Ordres et les Chapitres exempts que parmi ceux qui étaient demeurés dans le droit commun.

A quoi donc peuvent servir ces priviléges? Talon nous l'a dit, et il est d'accord avec les Conciles et avec le Clergé de France. Qu'on interroge les annales de celui-ci, on n'y verra jamais des Chanoines d'une conduite régulière réclamer leur dépendance immédiate du Saint-Siége.

(1) Les Evêques de France, députés au Concile de Trente, regardèrent comme beaucoup plus favorables les exemptions des Religieux ayant des chefs d'Ordre, que celles des autres établissements ecclésiastiques; aussi demandèrent-ils qu'elles fussent seules conservées, et que les autres fussent abrogées. « Restituantur epi-
» scopis intra omnem diœcesim ecclesiasticæ jurisdi-
» ctiones, et *tollantur omnes exemptiones*, exceptis
» Capitibus ordinum, iisque quæ ipsis subsunt, mona-
» steriis, et quæ Capitula faciunt generalia, et iis mo-
» nasteriis quibus multis jam retro seculis evidentibus
» scriptorum monumentis constat datam esse exemptio-
» nem ; *quæ tamen ne à correctione omninò eximan-*
» *tur, aliquâ ratione provideatur.* » (Mém. pour le Conc. de Trente, p. 372, édition de 1654.)

Il n'est pas étonnant, d'après ce que nous venons de dire, que tous les canonistes soient unanimes pour déclarer les exemptions odieuses (1).

Quoi qu'il en soit, nous croyons résumer exactement tout ce qui précède par ce simple raisonnement : Vouloir obtenir une dérogation au droit commun, alors même qu'un grand nombre de faits favorables sembleraient l'autoriser, serait une mesure peu sage en présence de faits plus nombreux qui la condamnent ; mais y déroger lorsqu'on ne peut citer une seule concession qui, tôt ou tard, ne soit devenue abusive, serait un acte bien autrement téméraire.

N. 12.

Bulle du 5 avril 1843.

GRÉGOIRE, *Évêque, Serviteur des Serviteurs de Dieu.* — *Pour en conserver à jamais le souvenir.*	GREGORIUS *Episcopus, Servus Servorum Dei.* — *Ad perpetuam rei memoriam.*
Plus les temples consacrés à la Religion étaient remarquables	Quo majori Sacræ Ædes vetustate ac splendore præstabant,

---

(1) Nemo canonistarum dubitat quin exemptiones tanquam è jure et canonibus recedentes, comprehendantur sub *odiosis* de quibus pronuntiat cap. 15. De R. J. in 6. *Odia restringi, et favores convenit ampliari*. Similiter et hanc juris regulam in cap. 28. eod. exemptionibus esse applicandam : *Quæ à jure communi exorbitant, nequaquàm in consequentiam sunt trahenda*. Præsertim quia exemptiones sunt ex iis privilegiis et recessibus à jure communi, quæ vix ab excessibus libera sunt : ut ob eas præcipuè factum videatur, ut in decretalibus unus idemque titulus inscriberetur : *De Privilegiis et excessibus Privilegiatorum*. (Van Esp. t. II, p. 422, part. III, tit. XII, cap. V, n° 3.)

eo impensiori studio consueverunt Romani Pontifices prædecessores nostri peculiaribus illas sive honoribus, sive privilegiis cumulare, probe intelligentes quantoperè idipsum ad confovendam augendamque fidelium pietatem inserviret. Hinc Ecclesiam amplitudine et magnificentiâ insignem jam inde à seculo sexto in civitate S. Dionysii prope Parisios constitutam atque eidem inclyto Episcopo et Martyri dicatam (quem scilicet Illustris Francorum natio, ob illatum sibi ab ipso divinitùs Christianæ Fidei lumen, maximâ semper religione venerata est) præclaris vel à prima ætate privilegiis constanti Regum erga illam studio obsecundantes Romani Pontifices honestarunt. Nec minori dilectionis affectu continentis Cœnobii Abbates et Monachos, sacro ejusdem cultui assiduam sanctamque operam navantes, prosecuti sunt, Regum

par leur ancienneté et leur splendeur, plus aussi les Pontifes Romains nos prédécesseurs se sont appliqués à les combler d'honneurs et de privilèges, bien persuadés que c'était un moyen d'entretenir et d'augmenter la piété des fidèles. C'est ainsi que la vaste et magnifique Eglise fondée dès le sixième siècle dans la ville de Saint-Denis, près Paris, sous l'invocation de ce glorieux Evêque et Martyr que l'illustre nation des Français a toujours honoré d'un culte si religieux comme l'Apôtre envoyé de Dieu pour lui porter la lumière de la foi chrétienne, a été dès le commencement distinguée par les priviléges extraordinaires que les Pontifes Romains lui ont accordés pour seconder le désir qu'ont toujours eu les Rois eux-mêmes de la rendre plus vénérable. Imitant également sur ce point la bienveillance des Rois français, ils n'ont pas témoigné moins d'amour aux Abbés et aux Religieux de la Communauté établie près de cette Basilique au service de laquelle elle s'était vouée, et dont la splendeur et la dignité s'accrurent ainsi de jour en jour.

Telle fut la source des droits qui, pour nous servir des expressions du saint Pontife Alexandre II dans sa lettre à un Archevêque de Reims, ont été utilement accordés et saintement établis en faveur de cette Abbaye par de saints et apostoliques personnages.

Cette église recommandable sous tant de rapports et en particulier par l'honneur insigne de renfermer les tombeaux des Rois français qui l'avaient choisie pour lui confier leurs cendres glorieuses, enlevée par le malheur des temps au culte divin, a déjà, depuis longues années, été rendue à sa pieuse destination et enrichie d'un corps

in eos benevolentiam æmulati, ut inde etiam major in dies accresceret loci sanctitati splendor et dignitas. Huc sanè spectant quæ de Abbatiæ illius juribus multoties, ut Alexandri Secundi Pontificis ad Archiepiscopum Rhemensem de eâ scribentis verbis utamur, à Sanctis Apostolicis viris salubriter concessa fuerunt sanctèque instituta.

Verùm Ecclesia isthæc, tot, tantisque nominibus commendata, inter quæ insigne illud sanè ac singulare decus ex Francorum Regum sepulchris accesserat, qui gloriosis suis cineribus condendis eam selegerant, erepta infeliciter fuerat, ob temporum calamitates, divinis officiis, quibus redditam jamdudum et lectissimo Ecclesiasticorum virorum cœtu ditatam boni omnes conspexerant, benedicentes cum gaudio Auctori luminum et Patri totius consolationis, qui squallere diutiùs Templum suum haud permiserat.

Sed majori adhuc illius Ecclesiæ honori consultum exoptans charissimus in Christo Filius noster Ludovicus Philippus Francorum Rex christianissimus sua ad Nos vota deferri curavit per dilectum filium Nobilem virum Comitem Septimium de Fay de La Tour Maubourg suum apud Nos et Apostolicam hanc Sedem Oratorem, quibus canonicam Capituli ibidem institutionem, adprobationem, ejusque Apostolicæ huic Sedi immediatam subjectionem certis quibusdam modis decernere, eaque privilegia extendere rogati sumus ad Regium Gynæceum in continentis Monasterii ædibus collocatum, ubi adolescentulæ filiæ equitum

d'Ecclésiastiques choisis. Tous les gens de bien s'en sont réjouis, et ont béni l'auteur des lumières et le Père de toute consolation qui n'avait pas laissé plus long-temps son temple sans honneur.

Mais notre très-cher fils en Jésus-Christ, Louis-Philippe, Roi très-chrétien des Français, désirant honorer encore davantage cette église, nous a fait demander par notre cher fils le noble comte Septime de Fay de La Tour-Maubourg, son Ambassadeur auprès de Nous et du Saint-Siége, d'y instituer canoniquement un Chapitre approuvé par nous et soumis immédiatement, d'après quelques règles expressément déterminées, au Siége apostolique, et d'étendre ces priviléges à l'établissement royal fondé dans les bâtiments du monastère attenant à l'église, dans lequel les filles des chevaliers de la Légion-d'Honneur sont formées à la religion, aux bonnes mœurs et à l'instruction qui convient à leur sexe. A l'exemple de nos Prédécesseurs, qui ont comblé de faveurs singulières l'Abbaye de Saint-Denis, que saint Bernard, dans sa lettre à Eugène III, leur recommanda avec tant d'instance, nous avons reçu avec bienveillance la demande du sérénissime Roi, comme une preuve éclatante de sa sollicitude pour les intérêts sacrés de la Religion.

Ayant donc examiné avec soin toute l'affaire, après nous être concerté avec Sa Majesté, et après avoir entendu notre vénérable Frère, Denis-Auguste, Archevêque de Paris, usant de la plénitude de la puissance apostolique, pour la gloire de Dieu tout-puissant, et l'honneur de la bienheureuse Marie, toujours vierge, patronne tutélaire de la France, et de saint Denis apôtre de cette nation, nous avons cru

Legionis Honoratorum Religioni, bonis moribus artibusque muliebribus apprimè erudiuntur. Talem Serenissimi Regis postulationem, quæ sedulam ipsius pro re sacra sollicitudinem mirificè testatur, animo excepimus benevolo, vestigiis insistentes Prædecessorum Nostrorum, qui singularibus favoribus Dionysianam Abbatiam cumularunt, quam sibi à S. Bernardo in Epistola ad Eugenium Tertium enixè commendatam recogitabant.

Re itaque universâ diligenter accuratèque perpensâ, collatisque cum Majestate Suâ consiliis, et audito venerabili Fratre Dionysio Augusto Archiepiscopo Parisiensi, hæc denùm ad laudem Omnipotentis Dei et in honorem Beatissimæ semper Virginis Mariæ Galliarum Patronæ Tutelaris et Sancti Dionysii illius nationis Apostoli duximus de Apostolicæ potestatis plenitudine perpetuum in modum decernere.

Capitulum nimirùm ad divina et sacra in memorato S. Dionysii Templo procuranda, quod ex Canonicis duas in classes distinctis constat, ex iis nimirùm qui Episcopali gradu fulgent, ex iis qui Presbyteralis ordinis sunt atque unicam dignitatem percenset titulo Primicerii, uni ex Episcopis semper conferendam, congruoque Ministrorum numero est instructum, Nostris hisce Apostolicis Litteris canonicè constitutum declaramus, cunctaque Capitulorum jura, honores et insignia eidem concedimus et adtribuimus, iisque jam nunc participes edicimus eos quoque, qui, aucto deinceps Canonicorum cœtu, legitimè iisdem adjiciantur. Eos verò universos, Primicerium scilicet, Canonicos tum Episcopos, tum non Episcopos aliosque omnes è Capitulo ex libera Majestatis Suæ nominatione, quæ Regii in eamdem S. Dionysii Ecclesiam Patro-

devoir décréter pour toujours ce qui suit :

Nous déclarons, par nos présentes Lettres Apostoliques, constitué canoniquement le Chapitre établi pour célébrer le service divin dans ladite église de Saint-Denis, lequel Chapitre ayant un seul dignitaire, qui portera le titre de Primicier et sera toujours choisi parmi les Evêques, se compose de membres dont les uns sont honorés du caractère épiscopal, les autres sont de l'ordre des Prêtres, et possède un nombre convenable de ministres inférieurs. Nous accordons et attribuons à ce corps tous les droits, honneurs et insignes des Chapitres, autorisons dès actuellement à jouir de ces priviléges tous ceux qui, par la suite, pourront être adjoints légitimement aux membres actuels, si l'on en augmente le nombre. Nous déclarons que tous, le Primicier, les Chanoines - Evêques et non

Évêques, et les autres qui font partie du Chapitre, devront être choisis par la libre nomination de Sa Majesté, qui jouit du droit de patronage royal sur ladite église de Saint-Denis. Nous nous réservons de conférer, par des Bulles apostoliques, l'institution canonique, tant au Primicier qu'aux Évêques appelés à faire partie du Chapitre, attribuant au Primicier le droit de la conférer en notre nom aux Chanoines qui n'ont pas le caractère épiscopal, et aux autres membres du Chapitre. Nous recevons et établissons, sous notre tutelle particulière et celle de nos Successeurs, l'Église, le Primicier, les Chanoines, le Chapitre, tous ceux qui font partie du corps capitulaire, et les ministres ecclésiastiques ou laïques qui seront de fait attachés à son service, les déclarant pour toujours soumis immédiatement à Nous et au Siége apostolique pour

natûs jure potitur, eligendos esse denunciamus, reservatâ Nobis et Successoribus Nostris Canonicâ per Apostolicas Bullas Institutione tum pro Primicerio, tum pro Episcopis, qui in Capitulum cooptentur, attributâ Primicerio auctoritate ad eam Nostro Nomine conferendam Canonicis, qui eâ dignitate non fulgeant aliisque, qui in Collegium admittantur. Eam verò Ecclesiam, Primicerium, Canonicos et Capitulum, ceterosque in Capitularium cœtum cooptatos et Ministros Ecclesiasticos aut laicos ejusdem servitio actu addictos sub speciali Nostra et Successorum Nostrorum tutela recipimus et constituimus, ipsosque in iis, quæ ad interiorem illius Ecclesiæ cultum, ad divina officia, ad chori disciplinam, ad piorum onerum executionem et ad Fabricæ et Censûs curationem pertineant, perpetuo Nobis et Apostolicæ Sedi immediatè subjectos edicimus et denunciamus. Ad hanc porro jurisdictionem in eam Ecclesiam, Clerum et Ministros, Nostro et Apostolicæ Sedis nomine et auctoritate exercendam, perpetuò adsignamus ac præficimus Primicerium illius Capituli, eamque auctoritatem uti Primiceriali dignitati adnexam statim à susceptâ legitimâ illius possessione eidem competere Nostris hisce Litteris decernimus et mandamus, eique Primicerio jus reservamus visitandi Nostro et Apostolicæ Sedis nomine, servatis servandis, Ecclesiam, resque ad eam pertinentes, ademptâ cuilibet alteri auctoritate visitationis ibidem peragendæ, inconsultâ Sede Apostolicâ.

tout ce qui se rapporte au soin intérieur de l'Eglise, aux Offices divins, à la discipline du chœur, à l'execution des charges pieuses, à l'administration de la Fabrique et des revenus. Nous désignons et établissons pour toujours le Primicier dudit Chapitre comme chargé, en notre nom et avec notre autorité, au nom et avec l'autorité du Siége apostolique, d'exercer cette juridiction sur l'église, le Clergé et les Officiers du Chapitre, décrétons et ordonnons, par nos présentes Lettres apostoliques, que cette juridiction lui soit dévolue, comme annexée à la dignité de Primicier, aussitôt qu'il aura pris légitime possession de cette dignité. Nous réservons audit Primicier le droit de visiter, en notre nom et au nom du Siége apostolique, en se conformant aux règles du droit, l'église et tout ce qui en dépend, ne reconnaissant à qui que ce soit le droit d'y faire la visite, sans avoir consulté le Siége apostolique.

Nous accordons au même Primicier le droit d'approuver pour recevoir les confessions des fidèles des deux sexes, dans l'enceinte de l'église, ceux du Chapitre qui auront été jugés capables d'exercer ce ministère par les Examinateurs choisis par lui et du consentement du Chapitre. Toutefois les Confesseurs ainsi approuvés par le Primicier ne pourront pas absoudre les personnes qui ne font point partie du Chapitre ou qui ne sont pas attachées à l'église, des cas réservés dans le Diocèse de Paris. Quant aux Chanoines revêtus du caractère épiscopal, ils pourront être députés par le Primicier pour exercer ce ministère, sans avoir à subir aucune épreuve relativement à la science devant les Examinateurs. En outre, le Primicier pourra désigner parmi les Membres du Cha-

Eidem autem Primicerio indulgemus, ut iis qui è Capituli gremio sunt facultatem impertiatur, si idoneos ipsos nactus fuerit judicio Examinatorum à se de consensu Capituli eligendorum, ad sacramentales confessiones Fidelium utriusque sexùs intra Ecclesiæ septa excipiendas, qui tamen sic per Primicerium approbati Confessarii eos qui de Capitulo Ecclesiæque familiâ non sint absolvere minimè poterunt à casibus in Parisiensi Diœcesi reservatis. Ceterùm Canonici Episcopali dignitate insigniti deputari ad id muneris à Primicerio poterunt, quin ullum coram Examinatoribus scientiæ periculum præcesserit. Poterit præterea Primicerius ex Capitulari cœtu atque ex iis qui eidem inserviunt eos adsciscere, qui ad conciones et ad alia Ecclesiastica officia ibidem obeunda destinentur. Insuper eidem Primicerio liberum erit Pontificalia in Capitulari Ecclesia iisdem planè ac ceteri Antistites in suis Diœcesibus honoris insignibus, ceremoniisque conficere.

Quæ verò de Ecclesia et Capitulo concessimus, eadem, votis annuentes Serenissimi Regis extendimus pariter ad Regium Gynæceum in veteri Monasterio collocatum, ubi filiæ Equitum Legionis Honoratorum aluntur, atque ad pietatem et artes pro sexûs ratione instituuntur. Itaque Primicerio committimus et potestatem facimus, ut in hanc quoque Regiam Domum, donec in memoratum eum finem destinata perstiterit, atque in moderatrices, alumnas, inservientes

pitre et parmi ceux qui sont attachés à son service, les personnes qu'il destinera pour prêcher dans l'église et pour y remplir les autres offices ecclésiastiques. De plus le même Primicier pourra célébrer dans son église collégiale les offices pontificaux avec les mêmes insignes d'honneur et les mêmes cérémonies que les Evêques dans leurs propres diocèses.

Les priviléges que nous venons d'établir pour l'église et pour le Chapitre, nous les étendons également, d'après le vœu du Sérénissime Roi, à l'Etablissement royal formé dans l'ancien monastère pour élever et former à la piété, ainsi qu'aux arts propres à leur sexe, les filles des chevaliers de la Légion-d'Honneur. En conséquence, nous déléguons et autorisons le Primicier pour exercer au nom et avec l'autorité du Siége Apostolique, la juridiction ecclésiastique sur cette Maison royale, tant qu'elle conservera la destination dont nous venons de parler, sur les maîtresses, les élèves, les domestiques, c'est-à-dire sur toutes les personnes attachées à leur service, qui habitent la maison le jour et la nuit. Le Primicier aura donc le droit d'exercer, par lui-même ou par un autre, toutes les fonctions pastorales à leur égard; nous déclarons toutefois que cette concession ne déroge en rien aux dispositions du droit en faveur des Curés relativement aux mariages et à leur publication, si quelque personne de la Maison royale contracte cette union.

Quant à l'enterrement des membres du Chapitre, des chefs, des maîtresses, des élèves et des serviteurs qui mourront dans la Maison de Saint-Denis et dans l'Institution royale, nous arrêtons et voulons que le Curé de la paroisse sur laquelle sont placés ces Etablissements, se

seu cunctas earumdem servitio obstrictas personas ibidem diu noctuque commorantes Ecclesiasticam jurisdictionem Apostolicæ hujus Sedis nomine et auctoritate exerceat. Hinc Primicerio jus fore edicimus, ut cuncta munera parochialia super illas, infra tamen ædium claustra, ritè per se vel per alium exerceat; quod tamen ita ipsi à Nobis concessum declaramus ut nihil exinde detractum censeatur dispositionibus juris favore Parochorum in iis, quæ matrimonia eorumque denunciationes respiciunt, si quas forte ex Gynæceo contrahere nuptias contigerit.

Hæc porro sancita volumus de funeribus Capitularium, Præsidum, Moderatricum, Alumnarum, Ministrorumque in Dionysiana domo et in Regio Gynæceo decedentium, ut nimirum accedente Parocho intra cujus Parœciæ fines illud est, ad Ecclesiæ vel domûs fores, acceptoque defuncti cadavere sibi per Clerum Capitularem tradito, illud, uti in more est, ad Parœciam efferatur, in qua justa funebria divinaque officia curentur, ut deinceps in cœmeterium adsportetur. Quòd si postmodum ex Regia munificencia proprium pro recensitis hisce locis cœmeterium paretur, jus funerum pro iis, qui ibidem obiverint, ad Primicerium atque ad electos ab ipso Vicarios integrè spectare mandamus, quin Parocho jus ullum in ipso sit. Ad Parœcialia verò munera obeunda mandamus, ut unum ex canonicis, præmisso coram Examinatoribus periculo, ipse Primicerius præficiat admovibilem ad nutum, eidemque adjutores designet unum vel plures sacerdotes, qui, antea instituto coram supradictis Examinatoribus periculo, idonei judicati fuerint ad confessiones Fidelium utriusque sexûs excipiendas.

présente à la porte de l'église ou de la Maison royale, reçoive des mains du Chapitre le corps du défunt, le fasse porter, selon l'usage, dans l'église paroissiale où l'on célebrera le service funèbre et l'office divin, et d'où l'on transportera le corps au cimetière. Si dans la suite la munificence royale donne aux lieux susmentionnés un cimetière particulier, nous ordonnons que le droit de faire les funérailles des personnes qui mourront dans ces établissements appartiendra intégralement au Primicier et aux Vicaires choisis par lui, sans que le Curé y puisse rien prétendre.

Pour l'exercice des fonctions paroissiales, nous voulons que le Primicier lui-même établisse un des Chanoines qui, avant d'user de ses pouvoirs, aura été jugé capable par les Examinateurs, et qui sera révocable à la volonté du Primicier; ce dignitaire désignera pour aider le susdit Chanoine dans ses fonctions un ou plusieurs Prêtres qui, après avoir préalablement subi l'examen, auront été jugés capables d'entendre les confessions des fidèles de l'un et de l'autre sexe.

Nous accordons encore au Primicier ou à un autre Evêque choisi par lui, parmi les membres du Chapitre, le droit d'administrer la Confirmation aux fidèles qui appartiennent au Chapitre ou à la Maison royale.

Mais comme il est nécessaire de pourvoir à l'administration spirituelle du Chapitre, de l'église et de la Maison royale, pendant le temps où le Primicériat viendrait à vaquer par la mort ou par quelque autre cause légitime, nous ordonnons et réglons, que dans l'espace de huit jours, l'un des Chanoines sera choisi Vicaire-Capitulaire par la voie du scrutin secret, et chargé de l'administration temporaire

Ceterùm id quoque privilegii Primicerio vel alteri per ipsum ex Collegii Episcopis designando adtribuimus ut nimirum confirmationem administret iis, qui ad Capituli et Gynæcei familiam pertineant.

Cùm verò necessariò prospiciendum sit spirituali Capituli, Ecclesiæ et Regii Gynæcei gubernationi per id temporis, quo Primiceriatum vel ex obitu vel ex alia legitima causa vacare contingat, præcipimus et mandamus, ut intra octo dies alter ex canonicis per secreta suffragia Vicarius Capitularis eligatur, cui temporaria eorumdem locorum procuratio committatur.

Quæ quidem electio, si stato eo tempore non

concilietur, Archiepiscopo Parisiensi devolutum pro ea vice jus electionis denunciamus, qui unum ex collegio in id muneris evocabit.

Ut tandem ea omnia quæ superiùs à nobis sancita sunt ad optatum exitum ritè perducantur, volumus ac præcipimus ut harum Litterarum Nostrarum executor sit, quem Dilectus Filius apud Serenissimum Francorum Regem Apostolicus Nuntius ex Venerabilibus Fratribus Episcopis, prout in Domino melius expedire judicaverit, maturo tempore designabit, eidemque nomine Sanctæ Sedis id negotii demandaverit cum omnibus facultatibus necessariis et opportunis, ut per se ipsum vel per alium virum in Ecclesiastica dignitate constitutum, ab ipso Executore subdelegandum, ea omnia facere, statuere ac de-

des susdits lieux. Si l'élection n'est pas faite dans le temps marqué, nous déclarons, pour cette fois, le droit d'élection dévolu à l'Archevêque de Paris, qui appellera un des membres du Chapitre à remplir cette charge.

Pour conduire à bonne fin, d'une manière régulière, ce que nous avons décrété, nous voulons et ordonnons que l'exécution de nos présentes Lettres soit confiée à celui de nos vénérables Frères les Evêques, que notre Nonce apostolique auprès du sérénissime Roi des Français, désignera en temps convenable et selon qu'il jugera devant Dieu plus utile. Il lui confiera cette charge au nom du Saint-Siége, et lui donnera tous les pouvoirs nécessaires et utiles pour faire, statuer et décréter par lui-même, ou par un autre personnage constitué en dignité ecclésiastique, que pourra subdéléguer l'exécuteur lui-même, tout ce qui lui paraîtra convenable pour l'exécution des sus lites prescriptions. Il lui appartiendra, à lui ou à son subdélégué, de prononcer définitivement sur toute opposition qui pourrait s'élever de quelque part que ce soit contre ce qui précède, à la charge toutefois de transmettre en temps convenable à notre Congrégation préposée aux affaires consistoriales, un exemplaire de tous et de chacun des décrets qu'il aura portés pour arriver à l'exécution des présentes Lettres; cet exemplaire devant être, comme de coutume, déposé et conservé dans les archives de ladite Congrégation consistoriale.

Nous voulons et décrétons que les présentes Lettres et tout ce qu'elles renferment ne soient jamais notées, attaquées ou révoquées en doute comme subreptices, obreptices ou nulles, ou comme manquant de la sanction de notre volonté, pour

cernere, quæ ad earumdem rerum omnium executionem congrua esse videantur, factâ itidem ei vel ejus subdelegato potestate definitivè pronunciandi super quacumque oppositione adversùs præmissa quomodolibet oritura, ita tamen ut ad Nostram Consistorialibus rebus præpositam Congregationem Decretorum omnium et singulorum in præsentium Litterarum executione conficiendorum exemplar maturo tempore transmittat ad hoc, ut in præfatæ Congregationis Consistorialis Archivio de more ponatur et adservetur.

Præsentes verò Litteras et omnia in eis contenta, nullo unquam tempore de subreptionis vel obreptionis aut nullitatis vitio aut intentionis Nostræ defectu ex qualibet causa, prætextu et capite, etiam in corpore juris clauso, notari, impugnari vel in controversiam vocari posse, sed semper et perpetuo validas et efficaces et existere et fore suosque plenarios et integros effectus sortiri et obtinere, atque ab omnibus, ad quos spectat, et quomodolibet spectabit in futurum, inviolabiliter observari debere volumus ac decernimus, eumque in finem contrariis quibusque, iis etiam quorum specialis et expressa mentio habenda esset, de Apostolicæ nostræ auctoritatis plenitudine derogamus.

Volumus præterea ut harum Litterarum transsumptis etiam impressis, manu tamen alicujus Notarii publici subscriptis et sigillo personæ in Ecclesiastica dignitate constitutæ munitis, eadem prorsus fides ubique adhibeatur, quæ ipsis præsentibus adhiberetur si forent exhibitæ vel ostensæ.

quelque cause, prétexte ou raison quelconque, fût-elle même renfermée dans le corps du droit; mais qu'elles soient toujours et à jamais valides et efficaces; qu'elles obtiennent leur plein et entier effet, et qu'elles soient inviolablement observées par tous ceux qu'elles concernent ou qu'elles pourront dans la suite concerner de quelque manière que ce soit; et à cette fin, de la plénitude de notre autorité apostolique, nous dérogeons à toute disposition contraire, même à celles dont il devrait être fait mention spéciale et expresse.

Nous voulons en outre que l'on ajoute aux copies même imprimées des présentes Lettres, pourvu toutefois qu'elles soient revêtues de la signature d'un notaire public et du cachet d'une personne constituée en dignité ecclésiastique, la même foi que l'on ajouterait à nos propres Lettres si elles étaient exhibées et présentées.

En conséquence, qu'il ne soit loisible à personne de violer ni de contredire par de téméraires démarches cette expression de nos concession, attribution, déclaration, députation, mandat, décret, dérogation et volonté. Que quiconque oserait s'y opposer, sache qu'il encourrait l'indignation de Dieu tout-puissant et des bienheureux apôtres Pierre et Paul.

Donné à Rome, près Saint-Pierre, l'an de l'Incarnation de Notre-Seigneur, mil huit cent quarante-trois, le jour des Nones d'Avril, l'an treize de notre Pontificat.

Nulli ergo omninò hominum liceat hanc paginam nostrarum concessionis, attributionis, declarationis, deputationis, mandati, decreti, derogationis ac voluntatis infringere, vel ei ausu temerario contraire : si quis autem hoc attentare præsumpserit, indignationem omnipotentis Dei ac Beatorum Petri et Pauli Apostolorum ejus se noverit incursurum.

Datum Romæ apud Sanctum Petrum anno Incarnationis Dominicæ millesimo octingentesimo quadragesimo tertio, nonis Aprilis, Pontificatûs nostri anno decimo tertio.

N. 13.

Lettre du Prosecrétaire de la Congrégation consistoriale à l'Archevêque de Paris.

AMPLISSIME PRÆSUL,

Christianissimus Francorum Rex Ludovicus Philippus I. Sanctæ Romanæ Sedi pientissimas nuper properavit efflagitationes, ut Sanctissimus Dominus noster Gregorius XVI canonicam ac solemnem in ista Sancti Dionysii Ecclesia, tam celebri totque rerum adjunctis insigniter commendata, Capituli Regii confirmationem et institutionem velit decernere. Nonnullos autem, qui ad hujusmodi rem facere sibi visi sunt, filiali cum observantia Rex idem supremo judicio Suæ Sanctitatis obtulit articulos, quorum tenor hic est, qui sequitur.

« Il sera établi dans la basilique de Saint-Denis,
» près Paris, un Chapitre sous le titre de Chapitre
» royal de Saint Denis. Il sera composé de...
» Chanoines-Evêques ou de premier ordre, et
» de ... Chanoines-Prêtres ou de second ordre,
» dont quatre Dignitaires, sans qu'il puisse y
» avoir entre les Chanoines distinction de stalles,
» mais seulement de préséance. Le Chapitre aura
» pour chef un Primicier choisi parmi les Cha-
» noines-Evêques. Le Primicier, les Chanoines-
» Evêques, les Chanoines-Prêtres, et, parmi
» ceux-ci, les Dignitaires seront nommés par le
» Roi.

» Le Primicier et les Chanoines-Evêques rece-
» vront, après la nomination royale, l'institution
» canonique du Saint-Siége, moyennant des Bulles
» de provision dont la taxe sera déterminée dans
» la Bulle d'organisation.

» La faculté de donner ladite institution aux
» Chanoines du second ordre sera concédée à per-
» pétuité au Primicier.

» L'église royale de Saint-Denis, son Chapitre
» et les dépendances de cette église seront exempts
» de la juridiction, tant ordinaire que déléguée,
» de l'Archevêque de Paris. Il en sera de même
» pour la maison royale de Saint-Denis dans la-
» quelle est fondé l'Etablissement d'éducation
» pour les demoiselles filles de Membres de
» l'Ordre royal de la Légion-d'Honneur, ainsi que
» pour les succursales de cette Maison et tous les

» habitants dudit Etablissement principal et des
» succursales, tant qu'ils y demeureront. Les per-
» sonnes ecclésiastiques ou laïques attachées au
» service, soit de l'église ou du Chapitre, soit de
» la maison royale et de ses succursales, partici-
» peront à la même exemption. Elles seront,
» ainsi que les Membres du Chapitre, les Capitu-
» laires et les Dames-Maîtresses ou Demoiselles-
» Elèves de la maison royale ou des succursales,
» uniquement soumises à l'autorité spirituelle du
» Primicier qui exercera sa juridiction au nom et
» sous la dépendance immédiate du Saint-Siége,
» sans que cette juridiction puisse s'étendre hors
» des lieux ci-dessus indiqués, ni sur des *per-*
» *sonnes qui se trouveraient, même accidentelle-*
» *ment,* en dehors desdits lieux. Ce privilége sera
» considéré comme inhérent à la dignité primi-
» cériale.

» Le Primicier pourra célébrer les offices pon-
» tificaux en faisant usage de la crosse et des au-
» tres attributs de la dignité épiscopale, tant dans
» l'église de Saint-Denis que dans les chapelles
» annexes de l'Institution royale de la Légion-
» d'Honneur et de ses succursales.

» Il pourra conférer aux Prêtres faisant partie
» du Chapitre ou affectés à son service ecclésias-
» tique, les pouvoirs nécessaires pour confesser
» et administrer les autres sacrements dans ladite
» église et les dépendances ou lesdites chapelles,
» aussi bien que dans la Maison royale et les suc-
» cursales, bien entendu sans que ces pouvoirs
» puissent s'exercer au-dehors des limites mises
» à sa propre juridiction.

» Il aura le droit de faire, avec tous les attri-
» buts de l'autorité apostolique, la visite de ladite
» église de Saint-Denis, de ses dépendances et
» des chapelles annexes de l'Institution royale, et

» il sera interdit à toute autre personne de pro-
» céder à ladite visite sans avoir préalablement
» consulté le Saint-Siége.

» Durant la vacance du Primicériat, l'adminis-
» tration provisoire appartiendra à deux Vicaires-
» Capitulaires choisis par le Chapitre parmi les
» Chanoines-Evêques, et ils ne pourront entrer
» en fonctions qu'après que le Roi aura approuvé
» leur nomination. »

Ita porrò se res habent. At verò Beatitudo Sua, antequam quidquam hoc super negotio decernat, me infra scriptum Sacræ Congregationis consistorialibus rebus præpositæ Pro-Secretarium jussit de hoc Amplitudinem tuam plane certiorem reddere sententiamque rite rogare, quod ego pro meo munere nunc tecum per hoc epistolium fideliter adimpleo.

Mihi interim gaudeo quod opportuna hæc sese offerat occasio, qua plurimum erga Amplitudinem tuam animi mei obsequium existimationemque significem, atque memet profitear

Amplitudinis tuæ,
    Addictissimum atque obsequentissimum famulum,

LAURENTIUS SIMONETTUS, *Pro-Secretarius.*

N. 14.

Extrait de la séance de la Chambre des Pairs, du 9 mars 1847.

Projet de loi relatif au Chapitre royal de Saint-Denis, avec l'Exposé des motifs par le Ministre des travaux publics, chargé par intérim du département de la Justice et des Cultes.

Louis-Philippe, Roi des Français, à tous présents et à venir, salut.

Nous avons ordonné et ordonnons que le projet de loi dont la teneur suit soit présenté, en notre nom, à la Chambre des Pairs, par notre Ministre Secrétaire d'Etat des travaux publics, chargé par intérim du département de la justice et des cultes, que nous chargeons d'en exposer les motifs et d'en soutenir la discussion.

Article premier.

Le Chapitre royal de Saint-Denis, fondé par le décret du 20 février 1806, est et demeure distrait, ainsi que ses dépendances et annexes, de la juridiction de l'Archevêque de Paris.

Article 2.

La bulle donnée à Rome le 3 avril 1843, vérifiée et transcrite sur les registres du Conseil d'Etat, sera exécutée, sans approbation des clauses, formules et expressions qu'elle renferme qui sont ou pourraient être contraires aux lois du royaume et aux libertés, franchises et maximes de l'Eglise gallicane.

Fait à Paris, le 8 mars 1847.

Signé LOUIS-PHILIPPE.

Par le Roi :

Le Ministre Secrétaire d'Etat des travaux publics, chargé par intérim du département de la Justice et des Cultes,

Signé S. DUMON.

Exposé des motifs.

Messieurs,

Le projet de loi que nous avons l'honneur de vous présenter au nom du Roi a pour objet de régler, par l'accord de la puissance spirituelle et de la puissance civile, l'organisation canonique et légale d'une grande fondation impériale, du Chapitre de Saint-Denis.

L'Eglise de Saint-Denis, si souvent citée dans

notre histoire, a servi pendant des siècles à la sépulture des Rois de France. Elle a dû à cette auguste destination une grande partie de sa splendeur; elle lui devait surtout des immunités ecclésiastiques, qui disparurent comme le culte lui-même, au milieu des orages de la révolution.

L'empereur Napoléon, qui releva les autels, ne pouvait oublier la grande pensée, religieuse et monarchique tout ensemble, qui s'attachait à la vieille basilique de Saint-Denis. Peu d'années après la promulgation du Concordat, il voulut la faire revivre, et la rajeunir pour ainsi dire, en l'appropriant à l'esprit du temps et à nos lois nouvelles. Les Bénédictins, qui avaient été si longtemps préposés à la garde des tombes royales, furent remplacés par un Chapitre épiscopal. Napoléon n'hésita pas à donner à cette grande institution une place à part dans la hiérarchie qu'il venait de rétablir. Il mit à sa tête le Grand-Aumônier. Le Chapitre impérial de Saint-Denis, ainsi fondé, n'était point soumis, pour le spirituel, à l'autorité diocésaine, et ne reconnaissait que son chef pour supérieur ecclésiastique.

La Restauration resta fidèle à cette pensée de l'Empire. Le Chapitre de Saint-Denis fut reconstitué et agrandi. Au-dessous des Chanoines-Evêques vinrent s'asseoir des Chanoines du second ordre. A leur tête fut placé le Grand-Aumônier de France, avec le titre de Primicier. Le Primicier présentait les Chanoines, soit Evêques, soit Prêtres, à la nomination royale, et un règlement approuvé par le Roi, sur le rapport du Primicier, déterminait dans toutes ses parties le service du Chapitre.

Ainsi la Restauration, comme l'Empire, ne consentait pas à faire du Chapitre de Saint-Denis un simple établissement diocésain soumis à la juridiction de l'Ordinaire. C'était également, sous deux régimes si différents, une institution religieuse et politique, fondée pour consacrer par le sceau de la religion les plus beaux souvenirs de notre histoire; placée sous l'autorité du Roi lui-même, et trouvant dans cette situation élevée le principe de son indépendance, à l'égard de l'autorité diocésaine.

Toutefois, l'autorité diocésaine essaya, plus d'une fois, de contester cette indépendance, mais elle la contesta sans la détruire. Nous ne vous retracerons pas, Messieurs, l'histoire de ces conflits, nous venons vous proposer d'en supprimer la cause et d'en prévenir le retour.

La Révolution de Juillet a religieusement conservé le Chapitre royal de Saint-Denis. Le traitement des Chanoines est spécialement inscrit au budget de l'État; mais l'organisation canonique du Chapitre reste inachevée. Le Chapitre royal de Saint-Denis, qui n'est pas un Chapitre cathédral, n'a pas de place marquée dans l'organisation ecclésiastique, telle que l'ont faite le Concordat de l'an IX, et les articles organiques de ce Concordat. C'est cette place que le gouvernement du Roi a voulu lui faire, en conservant le caractère de la fondation impériale, et en se rattachant, pour le conserver, aux principes même de la législation de l'an X.

L'ordre des juridictions ecclésiastiques a été réglé parmi nous par le concours de la puissance civile et de la puissance spirituelle. Gardienne permanente des libertés de l'Église gallicane, la puissance civile a traité avec le Saint-Siége pour l'établissement de ces juridictions, la loi est intervenue pour les consacrer. Tel est l'esprit de la législation de l'an X tout entière. Toute modification à l'ordre légal des juridictions spirituelles doit être faite conformément à cette règle. Le Gouvernement du Roi s'en montre, dans cette circonstance, l'exact observateur plus que la Restauration et que l'Empire lui-même. L'Empire avait fondé, par un décret, le Chapitre impérial de Saint-Denis, et il l'avait distrait de la juridiction de l'Archevêque de Paris, en le plaçant sous l'autorité du Grand-Aumônier; la Restauration avait imité cet exemple. Le Gouvernement du Roi a cru devoir suivre une autre voie. Il a pensé que l'organisation du Chapitre royal de Saint-Denis avait besoin de la sanction législative, et que la nomination de son chef et de ses membres devait rester placée sous la garantie de la responsabilité ministérielle.

Sur la demande du Gouvernement du Roi, et après un concert préalable avec le Saint-Siége, une Bulle donnée à Rome, le 3 avril 1843, a organisé canoniquement le Chapitre royal de Saint-Denis. Le Chapitre se compose de Chanoines-Evêques et de Chanoines-Prêtres; son chef est nécessairement un Archevêque ou un Evêque, et prend le titre de Primicier. Le Roi nomme le Primicier, les Chanoines des deux ordres, et tous les officiers attachés au Chapitre. Conformément au principe du Concordat, le Primicier et les Chanoines de premier ordre qui sont revêtus du caractère épiscopal sont institués par le Pape; le Primicier donne l'institution aux Chanoines-Prêtres et aux Officiers du Chapitre. La juridiction sur le Chapitre appartient au Primicier.

Telles sont, Messieurs, les principales dispositions de la Bulle. Sans doute elles modifient l'un des articles organiques du Concordat, puisqu'elles portent exemption et attribution de la juridiction épiscopale ; mais qui pourrait contester qu'en présence d'un fait nouveau que la loi établie n'avait point prévu, cette loi ne puisse être modifiée par une loi nouvelle? Il y a plus, une modification est inévitable, à moins d'abolir le Chapitre de Saint-Denis ; sous quelque juridiction qu'on veuille le placer, il faut changer un des articles organiques du Concordat. Si l'article 10, en effet, abolit tout privilége portant exemption ou attribution de la juridiction épiscopale, l'article 11 ne reconnaît dans un Diocèse que le Chapitre cathédral, et supprime tous les autres établissements ecclésiastiques, en telle sorte qu'il faut également une loi nouvelle, soit pour distraire le Chapitre de Saint-Denis de la juridiction de l'Ordinaire, soit pour l'y soumettre.

Toute la question est donc de savoir dans quel sens aura lieu une modification nécessaire de la législation de l'an 10. Nous reconnaissons la sagesse de la règle qui étend sur tous les établissements ecclésiastiques d'un Diocèse, la juridiction épiscopale. Mais est-ce de cette règle qu'il s'agit ici, et le Chapitre royal de Saint-Denis peut-il être comparé à un établissement ecclésiastique ordinaire? A-t-il spécialement pour but comme les institutions diocésaines, qui doivent être nécessairement soumises à l'autorité de leur Evêque, l'intérêt et le service d'un Diocèse? Non, c'est pour un service national qu'il a été fondé; pour employer une expression consacrée, il n'est d'aucun Diocèse, *nullius diœcesis*; il appartient à la France entière. Il est donc en dehors des juridictions ordinaires, c'est sous une juridiction spéciale qu'il doit être placé. C'est ainsi que la fondation a été comprise par le fondateur; et remarquez-le bien, Messieurs, ce fondateur est le législateur même qui a déclaré abolis tous les priviléges de juridiction et qui n'en a pas moins institué une juridiction spéciale pour le Chapitre de Saint-Denis. Ce n'est donc pas un régime nouveau qu'il s'agit d'introduire; c'est un régime ayant quarante ans de durée qu'il s'agit de consacrer en le régularisant.

La juridiction du Primicier s'étendra sur la Maison royale de la Légion-d'Honneur, établie dans les bâtiments de l'ancienne abbaye de Saint-Denis. Ces deux fondations de l'Empire se touchent pour ainsi dire; il nous a paru naturel de les réunir et de placer sous la même autorité religieuse de pieux Evêques à qui le Roi donne dans le Chapitre de Saint-Denis une retraite pleine de dignité, et les Filles qu'il adopte au nom du Pays, et qu'il dote d'une éducation libérale, comme de la plus noble récompense due aux services de leurs pères.

Nous rappellerons, en terminant, que l'exécution de la Bulle du 5 avril 1843 ne peut impliquer aucun assentiment à celles de ses dispositions qui seraient contraires à nos lois ou à nos maximes, et nous renouvelons, dans la loi même que nous vous proposons, les réserves par lesquelles la vigilance du pouvoir civil a constamment protégé les libertés et les franchises de l'Eglise gallicane.

Annexes. — Ordonnance du Roi.

Louis-Philippe, Roi des Français, à tous présents et à venir, salut;

Sur le Rapport de notre Garde des Sceaux Ministre Secrétaire d'Etat au département de la Justice et des Cultes;

Vu le Décret du 20 février 1806 et l'Ordonnance royale du 24 avril 1816;

Vu les articles 1 et 10 de la Loi du 18 germinal an 10;

Notre Conseil d'Etat entendu,
Nous avons ordonné et ordonnons ce qui suit :

ARTICLE 1er.

La Bulle donnée à Rome, le 3 des nones d'avril 1843, et qui, sur notre demande, constitue canoniquement le Chapitre de Saint-Denis, est reçue.

ART. 2.

Ladite Bulle est reçue sans approbation des clauses, réserves, formules, ou expressions qu'elle renferme, et qui sont ou pourraient être contraires à la Charte constitutionnelle, aux Lois du Royaume, aux franchises, libertés et maximes de l'Eglise gallicane.

Elle sera transcrite en latin et en français sur les registres de notre Conseil d'Etat ; mention de ladite transcription sera faite sur l'original par le Secrétaire-Général du Conseil d'Etat.

ART. 3.

Ladite Bulle ne sera publiée et mise à exécution, et la présente Ordonnance ne sera insérée au Bulletin des Lois, qu'autant que l'exemption et l'attribution de juridiction accordées au Chapitre de Saint-Denis et au Primicier auront été autorisées par une Loi.

ART. 4.

Notre Garde des Sceaux Ministre Secrétaire d'Etat au département de la Justice et des Cultes, est chargé de l'exécution de la présente Ordonnance.

Paris, le 6 janvier 1845.

Signé : LOUIS-PHILIPPE.

Par le Roi :

Le Garde des Sceaux Ministre Secrétaire d'Etat au département de la Justice et des Cultes,

Signé N. MARTIN (du Nord).

N. 15.

Extrait du discours de M. le marquis de Barthélemy à la Chambre des Pairs.

Que le Primicier de Saint-Denis reste le chef de ce Chapitre sans prétendre à autre chose dans l'Etat; qu'il soit le chef vénéré d'un Chapitre important, qu'il exerce librement et pleinement tous les pouvoirs que la Bulle lui donne. Mais évitons autant qu'il est en nous que l'on n'élève pas outre mesure cette position digne, grande, mais modeste à la fois, par des avantages accessoires; que le Primicier soit réellement dans le Chapitre le premier parmi ses pairs, comme le dit le rapport, rien en deçà rien au-delà. Evitons encore que le Gouvernement ne forme le projet de placer dans ses attributions les institutions qui, pour emprunter l'expression dont se sert l'exposé des motifs à l'égard de Saint-Denis, n'auraient point pour but l'intérêt d'un Diocèse, mais seraient fondées *pour un service national, et appartiendraient à la France entière.*

Les expressions que je viens de citer sont fort élastiques, et elles pourraient étendre très-loin les attributions du Primicier, en opposition à la sagesse de la règle qui établit sur tous les établissements ecclésiastiques la juridiction de l'Ordinaire. Mais votre sagesse et celle du souverain Pontife nous préserveront de toutes les extensions que cette manière d'apprécier les choses pourrait appeler.

Elle irait non-seulement jusqu'à attribuer au Primicier toutes les charges que le Grand-Aumônier de l'Empire exerçait en vertu d'un décret impérial, charges que l'Archevêque de Paris reprochait au prince de Croï d'exercer en prenant le titre d'Evêque de l'armée, de Supérieur spirituel de toutes les maisons militaires, etc.; elle pourrait embrasser encore toutes celles qui étaient exercées par les anciens Grands-Aumôniers sur les aumôneries, les maladreries et autres lieux pitoyables du royaume. Si les Evêques se montraient trop sévères, aux yeux du pouvoir, envers l'Université, on essayerait, mais en vain, j'en suis sûr, d'obtenir de Rome un droit de nomination directe des Aumôniers de ces établissements, sur lesquels le Gouvernement revendiquerait un droit de patronage. Je dis qu'on ne l'obtiendrait pas, parce que le souverain Pontife, éclairé par sa profonde sagesse et par les réclamations d'une grande partie du pays, ne consentirait jamais à ôter aux évêques le seul moyen d'action qu'ils conservent sur les collèges de l'Etat.

Peut-être voudra-t-on essayer encore de confier à cette juridiction exceptionnelle le clergé des colonies, où il importerait tant d'établir des Evêques.

Qui empêcherait de placer à Saint-Denis, soit le vaste établissement ecclésiastique que l'Empereur avait projeté, et que M. Portalis lui-même jugeait devoir être si dangereux, ou un établissement analogue, soit le Séminaire qui devait être placé comme annexe de Sainte-Geneviève, sous la direction du Grand-Aumônier de l'Empire, soit la maison des hautes études ecclésiastiques qui, même sous la Restauration, ne put être établie sous la direction du Gouvernement contre les droits des Ordinaires? Ne pourrait-on pas déclarer que ces institutions font partie du Chapitre, et les placer sous l'exemption, le projet déclarant exonérés de la juridiction épiscopale tous les édifices dépendant du Chapitre?

Le désir de centraliser les nominations et la direction d'un certain nombre de services ecclésiastiques se manifeste de divers côtés; ainsi, nous lisons ce qui suit dans le beau rapport de M. Béranger sur le système pénitentiaire, qui vient de nous être distribué :

« La tâche de l'Aumônier des prisons est si étendue qu'on eut un moment la pensée de créer un Séminaire spécial pour instruire et préparer les jeunes Prêtres qui auraient cette vocation; mais on craignit qu'après avoir formé des sujets on n'éprouvât des difficultés pour les placer, chaque Evêque pouvant, dans la plénitude de son autorité, refuser de les recevoir dans les prisons de son Diocèse; et ce projet, qui aurait eu de si bons effets, fut abandonné; il serait désirable qu'il pût être repris, et qu'on trouvât le moyen de lever les obstacles devant lesquels on crut alors devoir s'arrêter. »

Je n'ai pas besoin d'insister sur les conséquences de ce projet, qui enlèverait aux Evêques une partie si importante et si essentielle de leur juridiction.

Ce n'est donc point sans motif que nous faisons au Gouvernement, à l'occasion du projet de loi, une sorte de procès de tendance. Tout nous y porte : la disposition du projet de loi, qui ne crée pas seulement un Chapitre exempt, mais qui lui donne une juridiction au dehors; la création d'un grand fonctionnaire qui, d'après la nature des choses et la pente du cœur humain, cherchera à agrandir son autorité, et la propension des ministres à l'étendre. Nos appréhensions ne sont donc que trop fondées. Nous n'avons pas oublié, d'ailleurs, ce qu'un ancien Ministre des Cultes disait à la Chambre, en 1844, en regrettant que le ministère n'eût pas de moyens d'inspection sur les grands Séminaires, inspection qui aurait pu, suivant lui, être confiée aux Chanoines de Saint-Denis.

La commission a cherché, je le reconnais, à atténuer ces craintes ; mais ce qu'elle propose est loin de suffire pour les calmer.

Il faut que nous trouvions dans des statuts organiques soumis à notre sanction et à notre vote ce qui ne se trouve ni dans le projet ni dans la Bulle. Il faut que la nature de l'institution soit clairement définie, qu'elle ne puisse être dénaturée, ni étendue ; il faut que le danger que redoutait M. Portalis de former à Saint-Denis une sorte d'Institut pour le maintien et la propagation de la science religieuse, par la réunion d'ecclésiastiques plus particulièrement établis pour enseigner les autres, ne puisse exister ; il faut éviter tout ce qui pourrait donner à ce Chapitre une influence qu'il ne doit pas avoir ; il faut éviter avec le plus grand soin que le Primicier ne devienne, si cela est possible, une sorte d'Evêque de la Cour. Pour cela il serait au moins indispensable que le nombre des Chanoines et des membres du Clergé inférieur destiné à desservir le Chœur fût déterminé ; que les Chanoines-Evêques ne pussent être choisis que parmi les titulaires des siéges de France que leur âge ou leurs infirmités mettraient hors d'état de continuer l'exercice des fonctions épiscopales ; que le Primicier, dont la charge serait déclarée incompatible avec toute autre fonction, ne pût être par conséquent investi des attributions, du caractère, des priviléges des anciens Evêques de la Cour ; que le Primicier, ne devant être que *primus inter pares*, ainsi que le dit le rapport, eût un traitement qui ne fût pas de beaucoup supérieur au traitement de ses collègues ; enfin que les Chanoines-Evêques fussent dispensés de la loi de la résidence, ainsi que le voulait M. Portalis, ainsi que cela a toujours eu lieu.

Il faudrait que les Chanoines de deuxième ordre fussent choisis parmi des Ecclésiastiques qui compteraient, comme le porte l'ordonnance de 1816, dix ans au moins d'exercice dans le saint ministère ou dans l'administration des Diocèses. Il ne faut pas créer là ou au dehors des motifs d'agitation, d'ambition et d'influence.

Si on veut que le Chapitre de Saint-Denis ait une existence réelle, que le culte de la divinité auprès des tombes de nos rois soit solennel, il faut que les places de Chanoine de deuxième ordre soient, non pas un acheminement à de plus hautes fonctions, mais la récompense donnée à d'utiles services. Il faut des Chanoines résidant, assistant à l'Office et ne laissant point, comme dit le poète, *à des chantres gagés le soin de louer Dieu* ; il faut que l'Office canonial, soit leur principale fonction. « Or, l'Office canonial, dit M. Portalis dans le rapport déjà cité, coupe la journée en petites portions. Il est rare que ceux qui sont assujétis à cet office puissent s'occuper à des travaux qui exigent une attention soutenue. Aussi les Congrégations qui étaient autrefois destinées à la culture des sciences soumettaient leurs membres à peu de pratiques et les dispensaient de tout office proprement dit. » L'institution des Chanoines de deuxième ordre ne saurait donc les suppléer.

Savez-vous ce qui manque essentiellement au Clergé de France dans la plupart des Diocèses ? Savez-vous ce que la sagesse du Gouvernement devrait y fonder en leur assurant des dotations ? Ce sont des maisons de Prêtres auxiliaires. Ces maisons seules pourraient remplir à quelques égards la mission des Congrégations. Les Prêtres y trouveraient réellement le moyen de se livrer à l'étude et à la prédication, et ici je suis heureux de me trouver d'accord avec l'illustre père de M. le comte Portalis...

« Il est une classe de Prêtres très-nécessaires à la religion, qui nous manquent, dit-il page 39 de l'ouvrage précité. Ce sont les Missionnaires intérieurs qui, sur la demande des Evêques, vont prêcher dans différentes paroisses ; il est des fidèles qui ne donnent jamais leur confiance aux Pasteurs locaux, ils sont ramenés à des sentiments pieux par des Prêtres étrangers. Ces Prêtres étouffent les inimitiés qui désolent les petites villes ; ils réconcilient souvent le Vicaire et le Curé avec leurs paroissiens. Les Missionnaires ont rétabli la paix civile et religieuse dans plusieurs Diocèses ; ils y ont fait des biens incalculables. Il faut au moins 500 Missionnaires pour tout l'empire. »

Or, depuis ce temps, le Gouvernement n'a encore fait des fonds pour aucun établissement de ce genre. Il devrait aussi penser à améliorer le sort des desservants, avant de songer à bâtir pour le Primicier et les Chanoines-Evêques de Saint-Denis, un vaste palais que ceux-ci au moins n'habiteront pas. Je me résume en demandant que la Chambre adopte des dispositions qui placent le Chapitre de Saint-Denis et le Primicier dans la situation que j'ai indiquée. Hors de là, il n'y aurait qu'une institution compromettante pour l'indépendance et pour les intérêts de l'Eglise, institution qui serait créée en faveur d'un pouvoir qui, quoi qu'on dise et quoi qu'on fasse, ne peut être considéré, vis-à-vis de l'Eglise, comme le représentant des souverains qui prenaient le titre d'Evêques du dehors et de protecteurs des saints canons.

Voici les articles additionnels que j'ai l'honneur de soumettre aux délibérations de la chambre.

Articles additionnels proposés par le marquis de Barthélemy.

Art. ... Le Chapitre royal de l'église de Saint-Denis se composera de dix Chanoines-Evêques au plus, y compris le Primicier, de quinze Chanoines du second ordre et de six Prêtres ou Ecclésiastiques attachés au bas chœur.

Un règlement particulier déterminera le nombre des Officiers nécessaires au service de l'Eglise.

Art. ... Les Chanoines revêtus du caractère épiscopal ne pourront être pris que parmi les Evêques qui auraient été titulaires en France et qui ne pourraient, à raison de leur âge ou de leurs infirmités, continuer à remplir leurs fonctions.

Les Chanoines du second ordre seront choisis parmi les Prêtres qui auront été employés au moins pendant dix ans, soit dans l'exercice du ministère paroissial, soit dans l'administration des Diocèses.

Art. ... Les Chanoines-Evêques ne seront point astreints à la loi de la résidence ; le Primicier et les Chanoines – Prêtres y seront seuls obligés.

Art. ... La charge de Primicier est incompatible avec toute autre fonction ; le Primicier ne pourra être investi d'autres attributions que de celles qui sont déterminées dans la bulle ci-dessus visée.

(*Extrait du* Moniteur universel *du* 18 mai 1847.)

N. 16.

Projet de loi relatif au Chapitre royal de Saint-Denis, précédé de l'exposé des motifs, présenté par M. le Ministre Secrétaire d'État au département de la Justice et des Cultes. — Adopté par la Chambre des Pairs. — Séance de la Chambre des Députés du 28 Mai 1847.

Messieurs,

Le Roi nous a ordonné de soumettre à vos délibérations un projet de Loi relatif au Chapitre royal de Saint-Denis, déjà adopté par la Chambre des Pairs.

Régulariser une institution à laquelle a manqué jusqu'ici la double consécration de l'autorité religieuse et de la loi civile; offrir, sous les auspices du Gouvernement du Roi, une honorable retraite à des Prélats fatigués de leurs travaux apostoliques, un lieu d'étude et de prières, une existence modeste à des Prêtres voués à de pieuses méditations, tel est le but que se propose le projet de loi.

De telles mesures, ayant pour objet, avant tout, d'instituer régulièrement une juridiction ecclésiastique, d'y soumettre ou d'en exempter certaines personnes ou certains lieux, exigeaient le concours de la puissance spirituelle et de la puissance temporelle, agissant chacune dans la sphère propre et libre de ses attributions distinctes. Au Pape appartient de donner la Bulle, sur la demande du Gouvernement du Roi; au Roi, d'en autoriser la réception, sous les réserves expresses qui défendent notre droit public de tout empiètement. Le pouvoir législatif, à son tour, pour ce qui touche au domaine de la loi, vérifie cet accord et le juge; en sorte que, dans ces phases successives d'une négociation nécessaire et d'une discussion solennelle, se rencontrent à chaque pas un hommage rendu à l'indépendance des pouvoirs, un appel à leur union, et la reconnaissance la plus explicite de ces maximes tutélaires que la France catholique a regardées, de tout temps, comme une limite et comme un rempart que, d'aucun côté, l'on ne devait tenter de franchir.

Ces grands principes étant mis hors de tout débat, les dispositions du projet en lui-même se justifient aisément par leur convenance et leur utilité.

Dans une église à laquelle se rattachent les grands souvenirs de la Religion et de l'histoire, et où reposent confondues les cendres de trois races royales, un Chapitre épiscopal siége aujourd'hui, incomplet, sans organisation canonique, sans règle qui l'astreigne, sans place marquée dans la hiérarchie ecclésiastique. L'Empire qui le fonda, la Restauration qui l'agrandit, dans la constitution irrégulière et provisoire qu'ils lui avaient donnée, l'avaient, dès ce premier moment, obéissant à la force des choses, enlevé à l'autorité de l'Ordinaire ; mais, en le plaçant sous celle du Grand-Aumônier, ils avaient cru pouvoir procéder par voie de Décret et d'Ordonnance.

Depuis, les Chambres, s'associant à la pensée du Gouvernement pour relever une institution que les circonstances avaient un moment fait disparaître, ont chaque année voté des allocations destinées à le soutenir, jusqu'à ce qu'il reçût une organisation régulière et définitive.

Le Gouvernement du Roi n'a point pensé que cette organisation dût avoir le caractère d'une fondation purement religieuse et privée ; il a voulu que le Chapitre de Saint-Denis fût une institution religieuse et nationale, placée, comme tout établissement ecclésiastique, au même titre et dans les mêmes limites, sous l'autorité responsable de l'Administration des Cultes. Ce que le Décret de 1806 et l'Ordonnance de 1816 avaient tenté par un moyen moins direct et moins régulier, la Bulle et le projet de Loi l'accomplissent, sans s'écarter d'aucun principe, et en donnant satisfaction à tous les intérêts.

La nomination d'un supérieur appelé Primicier, choisi par le Roi dans l'ordre épiscopal, institué par le Pape, exerçant sur le Chapitre tout entier, en demeurant soumis lui-même à la double autorité dont il relève, une pleine juridiction; la division du Chapitre en deux ordres, celui des Chanoines-Evêques et celui des Chanoines-Prêtres, tous nommés par le Roi, et recevant, les premiers, du souverain Pontife, les seconds, du Primicier, l'institution canonique; telles sont les dispositions organiques contenues dans la Bulle et dans le projet de Loi. Elles ne sont de nature à troubler ni les esprits les plus défiants, ni les consciences les plus scrupuleuses; elles n'ont rien qui porte atteinte à nos libertés, car la Bulle n'emprunte son autorité civile que des pouvoirs nationaux qui l'acceptent; rien qui puisse alarmer la Foi, puisqu'elle est l'œuvre du souverain Pontife délibérant dans toute la puissance et dans toute la liberté de son action spirituelle.

La loi consacre d'ailleurs une exception juste et inévitable à l'un des articles organiques du Concordat (l'art. 10), en reconnaissant un Chapitre épiscopal exempt de l'autorité diocésaine; mais cette disposition, qui ne fait que constater et rendre légal un état de choses existant, loin de détruire ou d'ébranler les articles organiques, a pour résultat d'en reconnaître, d'en fortifier l'autorité. La règle générale se trouve ainsi confirmée par une exception unique, renfermée dans des bornes justes et déterminées, et qui ne peut s'établir que par la puissance de la loi.

Il ne saurait être question ici de ces anciennes exemptions qui, s'établissant la plupart du temps sans titre, sans le concours, ou du moins sans l'examen de l'autorité publique, avaient pour premier effet de soustraire des lieux ou des personnes ecclésiastiques à toute règle, à toute discipline, à tout supérieur. Ces dispenses souvent sollicitées par l'esprit d'insubordination, accordées dans des vues d'envahissement, obtenues par de mauvais moyens et dépourvues de tout contrôle, devaient être généralement accueillies avec défaveur, bien que parfois elles fussent légitimées par des nécessités reconnues. Entre les limites mal posées et mal définies du pouvoir spirituel et du pouvoir temporel, elles pouvaient soulever des débats de compétence et des conflits de juridiction : il n'en saurait être ainsi, dans notre France nouvelle, sous la surveillance et la responsabilité du Gouvernement; sous le contrôle obligé des Chambres législatives; sous l'empire d'institutions qui ont si profondément tracé la ligne de séparation entre les deux puissances, et où nos libertés, non plus seulement consacrées par l'usage, mais converties en lois nationales, posent une infranchissable barrière à tous les envahissements.

Aussi, depuis le Concordat, de telles exemptions accordées par le Saint-Siége, en vue de convenances personnelles ou locales, et acceptées dans le même esprit par le Gouvernement, ont-elles été reçues, publiées, exécutées en France, et n'y ont-elles excité aucun ombrage et provoqué aucune réclamation.

C'est donc avec confiance que nous vous proposons aujourd'hui d'autoriser, pour le Chapitre de Saint-Denis, une disposition analogue, qui sera sans péril comme sans injustice, et qui est légitimée aux yeux de tous par les convenances de la hiérarchie, et les nécessités de la discipline, en même temps que par les prérogatives et par le juste intérêt de l'autorité temporelle.

La Chambre, du reste, comprendra parfaitement que si c'était une conséquence naturelle de la loi de soumettre à la même juridiction que le Chapitre les édifices dépendant de cet établissement, c'est aussi une bonne et salutaire pensée d'étendre cette juridiction spirituelle à la maison royale de la Légion-d'Honneur qui l'avoisine, de prévenir ainsi entre deux Clergés trop rapprochés, jusqu'à la possibilité de regrettables conflits, et de réunir pour les solennités du culte, et sous l'autorité paternelle d'un Supérieur immédiat et spécial, les vénérables Prélats dont le pays adopte la vieillesse en mémoire de leurs services passés, et les jeunes filles dont il adopte l'enfance en reconnaissance des services de leurs pères.

Le projet de loi présenté à la Chambre des Pairs y a reçu quelques modifications qui ont été acceptées par le Gouvernement, parce qu'elles ne lui ont paru rien changer à la pensée de la loi et à l'exécution sincère qu'il est dans l'intention de lui donner.

Ainsi, l'article premier du nouveau projet a eu en vue, d'une part, de déterminer plus catégoriquement à quelles dépendances s'étendrait l'exemption; d'une autre part, en faisant mieux ressortir l'accord des deux pouvoirs pour conférer au Chapitre l'exemption de l'autorité diocésaine, de mieux exprimer aussi sous quelle autre juridiction spirituelle il se trouverait placé.

Ainsi encore, l'article 2, au lieu de répéter littéralement les réserves relatives à la réception de la bulle, et déjà insérées dans l'ordonnance du Roi publiée au *Bulletin des Lois,* déclare s'en référer à cette ordonnance, dont l'exécution est liée à celle de la bulle elle-même.

Sans engager une discussion superflue sur les considérations qui, au point de vue d'une bonne rédaction, ont pu motiver ces changements ou pourraient les combattre, il suffit qu'ils n'altèrent en rien le sens du projet de loi, pour que le Gouvernement les adopte.

Le Gouvernement vous propose aussi de les adopter et de donner enfin au Chapitre royal de Saint-Denis une constitution légale et canonique. Plus tard, et lorsque ce principe aura reçu la sanction de la loi, les pouvoirs seront appelés à statuer sur les autres questions qui en naissent, et qui, pour la plupart, peuvent rentrer dans la loi de finances soumise chaque année à votre délibération.

Messieurs, dans le projet de loi que nous vous présentons aujourd'hui, vous verrez comme le Gouvernement, comme la Chambre des Pairs, un hommage à la Religion, une justice rendue, un encouragement donné à de pieux dévouements, à d'utiles travaux. Vous y trouverez une pensée de l'Empereur reprise, régularisée, complétée, et sous un règne qui, avec le concours de la nation et de ses représentants, a ouvert un asile à toutes les gloires de la France, et restauré tant de monuments liés aux souvenirs de notre histoire, l'antique basilique de Saint-Denis rendue à ses premiers honneurs, et attestant une fois de plus que rien de ce qui est utile et grand n'échappe à l'active sollicitude du Roi, aux nobles instincts et au jugement éclairé du pays.

Projet de Loi.

Louis-Philippe, Roi des Français, à tous présents et à venir, salut :

Nous avons ordonné et ordonnons que le projet de loi dont la teneur suit, adopté par la Chambre des Pairs, sera présenté, en notre nom, à la Chambre des Députés, par notre Garde des Sceaux, Ministre secrétaire d'État au département de la Justice et des Cultes, que nous chargeons d'en exposer les motifs et d'en soutenir la discussion.

ARTICLE 1er.

Le Chapitre royal de Saint-Denis, fondé par le décret du 20 février 1806, tel que l'établissement en a été concerté, et qu'il est canoniquement institué par la Bulle donnée à Rome le 3 avril 1843;

Les édifices dépendants de cet établissement;

Ainsi que l'établissement royal d'éducation de la Légion-d'Honneur, situé dans les bâtiments de l'ancienne abbaye de Saint-Denis ;

Sont et demeurent exempts de la juridiction de l'Archevêque de Paris.

Ils seront, sous l'autorité du Saint-Siége, soumis à la juridiction attribuée au Primicier du Chapitre royal de Saint-Denis.

ART. 2.

La Bulle donnée à Rome le 3 avril 1843, vérifiée et transcrite sur le registre du Conseil d'État, sera mise à exécution et insérée au Bulletin des Lois, ainsi que l'ordonnance du Roi du 6 janvier 1845, portant réception de ladite Bulle.

Fait à Neuilly, le 25 mai 1847.

Signé : LOUIS-PHILIPPE.

Par le Roi :

Le Garde des Sceaux, Ministre de la Justice et des Cultes,

Signé : HÉBERT.

TABLE.

Avertissement. *Pag.* 5

HISTOIRE DE LA FONDATION DU CHAPITRE DE SAINT-DENIS.

But de cet écrit.	7
Faits concernant la fondation du Chapitre.	13
Fondation sous l'Empire.	14
Essai d'organisation sous Louis XVIII.	18
Essai d'organisation depuis 1840.	34
Conduite tenue dans cette affaire par M. le Ministre des Cultes.	38
—— par M. l'Archevêque de Paris.	45
Démarches faites à Rome.	48
Faits relatifs à la discussion devant la Chambre des Pairs.	58
Discussion du projet d'exemption.	62
L'exemption est-elle nécessaire ?	*Ibid.*
—— est-elle utile ?	67
La marche suivie pour l'obtenir a-t-elle été régulière ?	80
Nature de l'exemption.	83
Motifs du Saint-Siége pour l'accorder.	87
Motifs du Gouvernement pour la demander.	90
Adhésion tardive de quelques adversaires du projet.	101
PIÈCES JUSTIFICATIVES. N. 1.	110
—— N. 2.	*Ibid.*
—— N. 3.	112
—— N. 4.	113
—— N. 5.	*Ibid.*
—— N. 6.	115
—— N. 7.	117
—— N. 8.	121
—— N. 9.	124
—— N. 10.	132
—— N. 11.	133
—— N. 12.	147
—— N. 13.	163
—— N. 14.	166
—— N. 15.	172
—— N. 16.	181

www.ingramcontent.com/pod-product-compliance
Lightning Source LLC
Chambersburg PA
CBHW070658100426
42735CB00039B/2237